Hackfleisch

Elisabeth Bangert

Hackfleisch

EDITION XXL

Inhaltsverzeichnis

Hamburger
Ein leckeres Rezept dazu finden Sie auf Seite 44–45.

Vorwort

Wussten Sie, dass in dem Begriff Hackfleisch die Arbeitsweise zum Ausdruck kommt, die früher zur Herstellung von Hackfleisch notwendig war, als es noch keinen Fleischwolf oder ähnliche Küchenmaschinen gab? Heute wird Hackfleisch nicht mehr mit dem Messer gehackt, sondern ausschließlich mithilfe des Fleischwolfes hergestellt.

Aber Hackfleisch ist nicht gleich Hackfleisch, da gibt es im wahrsten Sinne des Wortes „feine" Unterschiede zwischen den einzelnen Sorten. Im Ratgeber finden Sie dazu einige interessante Informationen. Außerdem enthält der Ratgeber viele Tipps für den Einkauf, die Aufbewahrung und die Zubereitung von Hackfleisch. Das absolut Wichtigste bei Hackfleisch ist aber immer: die Frische!

Hackfleisch ist ein Tausendsassa unter den Fleischsorten. Es erfreut sich bei Jung und Alt sehr großer Beliebtheit und eignet sich hervorragend für schnelle Gerichte. Man kann mit ihm aber auch genauso gut raffinierte und ausgefallene Gerichte auf den Tisch zaubern.

Ob gekocht, gebraten, überbacken, gegrillt oder als Füllung, die Vielseitigkeit von Hackfleisch wird Sie verblüffen. Von leckeren Quark-Fleisch-Frikadellen und Kalbshackbraten über Gefüllte Wirsingsäckchen mit Hähnchenhackfleisch bis hin zu Hackfleischsuppe, Cevapcici, Enchiladas … und, und, und – in diesem Buch finden Sie alles, was das Herz begehrt.

Begleiten Sie mich auf meiner Schlemmerreise und genießen Sie die Vielfalt, die Ihnen Hackfleisch bietet.

Ihre

Elisabeth Bangert

Worauf muss ich beim Einkauf und der Zubereitung von Hackfleisch achten?

Was muss ich beim Einkauf beachten?

Hackfleisch sollte man sich, wenn nur irgendwie möglich, frisch zubereiten lassen. Viele Metzgereien bieten diesen Service an. Dabei können Sie sogar sehen, welche Fleischstücke in den Fleischwolf kommen.

Fleischwolf

Die Herstellung und der Verkauf von Hackfleisch unterliegen in Deutschland strengen gesetzlichen Bestimmungen. Da Hackfleisch besonders „sensibel" ist, ist das auch gut so. Die Hackfleisch-Verordnung schreibt unter anderem vor, dass zur Herstellung von Hackfleisch ausschließlich sehnenarmes oder entsehntes Muskelfleisch ohne jeden Zusatz verwendet werden darf.

Wie lange ist Hackfleisch haltbar?

Hackfleisch ist durch die Zerkleinerung des Fleisches sehr empfindlich und nicht lange haltbar. Es darf nur am Tag der Herstellung verkauft werden und muss im Geschäft bei einer Temperatur unter 4° C gelagert werden.

Zu Hause muss mit Hackfleisch genauso sorgfältig umgegangen werden. Nach dem Einkauf muss es unbedingt sofort in den Kühlschrank. Es sollte noch am selben Tag verzehrt oder mindestens gut durchgebraten werden. So hält es sich im Kühlschrank noch ein bis zwei Tage.

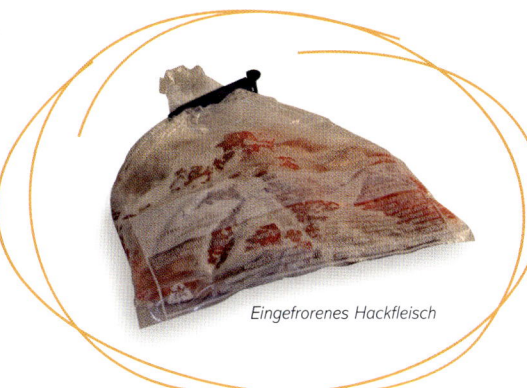

Eingefrorenes Hackfleisch

Worauf muss ich bei der Zubereitung achten?

Beim Kochen sollte das Hackfleisch immer gründlich durchgebraten werden. Am besten erhitzt man das Fleisch dabei auf eine Kerntemperatur von mindestens 72° C. Dadurch werden sämtliche Bakterien abgetötet. Achtung: Das Fleisch darf auf keinen Fall beim Verzehr innen noch rosa sein! Zur Sicherheit kann man bei großen Stücken ein Bratthermometer verwenden, das die Kerntemperatur von Fleisch und Geflügel misst.

Wie friert man Hackfleisch ein?

Wird das Hackfleisch nicht am selben Tag verbraucht, können Sie es auch in kleinen Portionen von ca. 250 g möglichst flach gedrückt einfrieren. So friert es schneller durch und taut später auch schneller auf. Achtung: Tiefgefrorenes bzw. aufgetautes Hackfleisch sollte man nicht mehr roh verzehren!

Verwendung eines Bratthermometers zur Ermittlung der Kerntemperatur des Fleisches

Wie taut man Hackfleisch auf?

Tiefgefrorenes Hackfleisch sollte langsam im Kühlschrank oder in mehreren Etappen in der Mikrowelle aufgetaut werden. Das Auftauwasser muss immer sofort weggeschüttet werden. Achtung: Hackfleisch nie bei Zimmertemperatur oder im warmen Wasserbad auftauen!

Fertig gegarte Speisen mit Hackfleisch sollten Sie möglichst sofort essen. Das gilt besonders für Kindernahrung! Zum Warmhalten der Speisen ist eine Temperatur von mindestens 65° C erforderlich. Das stundenlange Stehenlassen von Speisen bei Raumtemperatur ist die häufigste Ursache von Lebensmittelvergiftungen! Zum Aufwärmen müssen die Speisen dann noch einmal gründlich durchgekocht oder gebraten werden.

Rohes Hackfleisch in der Pfanne immer gut anbraten und durchgaren lassen.

Welche Hackfleisch-Sorten gibt es?

Schabefleisch (Tatar)

Diese Hackfleischsorte wird aus sehnen- und fettgewebsarmem Muskelfleisch des Rindes, z. B. aus der Oberschale, hergestellt. Mit maximal 6 % Fett ist es das magerste Hackfleisch und wird gerne roh gegessen.

Schweinehackfleisch

Schweinehackfleisch wird aus grob entfettetem Schweinefleisch, z. B. aus der flachen Schulter, hergestellt. Sein Fettgehalt beträgt 30 bis maximal 35 %.

Mett oder Hackepeter

Hierbei handelt es sich um Schweinehackfleisch, das mit Salz, Pfeffer und Muskat angemacht wurde. Zwiebeln fügt man erst kurz vor dem Essen hinzu, da das Mett sonst zu schnell grau wird. Mett ist zum rohen Verzehr geeignet, sollte aber auf jeden Fall noch am gleichen Tag aufgebraucht werden.

Die für Mett verwendeten Zutaten sind regional unterschiedlich. Es gibt auch unterschiedliche Bezeichnungen wie z. B. Jägermett, das zusätzlich mit Pilz- und Paprikastückchen verfeinert wird. Man kann es gewürzt und ungewürzt kaufen.

Rinderhackfleisch

Rinderhackfleisch besteht aus purem Rindfleisch, z. B. aus der dicken Schulter, und wurde grob von Sehnen befreit. Der Fettgehalt darf maximal bei 20 % liegen.

Gemischtes Hackfleisch

Wird auch „Hackfleisch halb und halb" genannt. Es ist das am häufigsten verkaufte Hackfleisch und besteht je zur Hälfte aus Rinder- und Schweinehackfleisch. Es hat einen Fettgehalt von maximal 30 %.

Kalbshackfleisch

Hierfür wird das fett- und sehnenarme Fleisch von jungen Rindern und Kälbern verwendet, am besten das vom Hals.

Geflügel- und Wildhackfleisch

Diese zwei Hackfleischsorten dürfen laut Hackfleisch-Verordnung nicht hergestellt und verkauft werden. Natürlich kann jede Hausfrau und jeder Hobbykoch zu Hause aus Geflügel oder Wildfleisch Hackfleisch für den Eigenbedarf herstellen.

Wichtig zu wissen ist, dass diese Fleischsorten mit Trichinen und Salmonellen belastet sind. Deshalb muss man diese Sorten sofort verwenden und darf sie nie roh essen. Außerdem müssen alle Geräte und Arbeitsflächen nach der Verwendung sofort gründlich gereinigt werden.

Lammhackfleisch

Lammfleisch stammt von jungen Schafen, die weniger als ein Jahr alt sind, z. B. aus der Schulter oder Keule. Am besten schmeckt Lammfleisch von Lämmern, die sechs bis sieben Monate alt sind. Das Fleisch ist zart und hellrot. Man findet es eher in türkischen Geschäften oder man bestellt es einfach beim Metzger vor. Alternativ kann man Lammfleisch auch selbst durch den Fleischwolf drehen. Lammgerichte sollten auf jeden Fall sehr heiß gegessen werden.

Welche Nährwerte hat Hackfleisch?

Fleisch gehört zu unseren wichtigsten und ernährungsphysiologisch wertvollsten Lebensmitteln. Eine ausgewogene Ernährung ist ohne Fleisch kaum denkbar. Und über das viel zitierte „Stück Lebenskraft" hinaus stellt der Verzehr von Fleisch für Viele ein Stück Lebensqualität und einen Genuss dar, den man keinesfalls missen möchte.

Eiweiß

Rinder-, Kalb- und Schweinefleisch sind ideale Lieferanten für hochwertiges Eiweiß. Dieses tierische Eiweiß kann der Organismus fast vollständig in körpereigenes umwandeln. Außerdem wird pflanzliches Eiweiß aufgewertet, wenn man es mit Eiweiß tierischer Herkunft kombiniert. Fleisch liefert damit wichtige Bausteine für den Aufbau und Erhalt von Zellen, Organen und Muskulatur.

Vitamine

Fleisch enthält viele Vitamine, die für das Funktionieren unseres Stoffwechsels enorm wichtig sind. Vor allem die Vitamine B_1 und B_2 sind reichlich im Fleisch enthalten. Damit macht es uns körperlich und geistig leistungsfähig, ist eine ausgezeichnete „Nervennahrung" und unterstützt die Entwicklung der roten Blutkörperchen. Ebenfalls im Angebot hat Fleisch die fettlöslichen Vitamine A, D und E. Sie sind z. B. wichtig für das Wachstum und unser Immunsystem.

Mineralstoffe

Fleisch ist eine überaus ergiebige Quelle für die Versorgung mit Mineralstoffen und Spurenelementen. So enthält Fleisch z. B. reichlich Eisen – mehr als andere Lebensmittel. Außerdem verwertet der Körper es besonders gut, weil Eisen aus Fleisch und Fleischprodukten vom Körper ca. zu 15 % aufgenommen wird, ein mehr als doppelt so hoher Prozentsatz als bei pflanzlicher Nahrung.

Auch als Lieferant von Zink und Selen ist Fleisch besonders wichtig. Es unterstützt damit die Hämoglobinbildung und die Schilddrüsentätigkeit und fördert die Wundheilung und Abwehrreaktion.

Fett

Sorgen um zu viel Fett im Fleisch sind unbegründet. Das Qualitätsfleisch von heute wird auch in dieser Hinsicht den Forderungen von Ernährungsexperten gerecht. Und eine gewisse Menge an Fett ist als Geschmacks- und Aromaträger unverzichtbar. Gerade Gourmets wissen Fettäderchen zu schätzen.

Tatar für Genießer

Aus bestem Rindfleisch und mit würzigen Zutaten angemacht, ist Tatar eine ganz besondere Köstlichkeit.

„Schabefleisch" oder auch „Beefsteak-Tatar" wird rohes Fleisch ohne weitere Zutaten genannt. Es wird in der Regel aus der Oberschale vom Rind hergestellt. Seine wichtigsten Merkmale sind absolute Frische und so gut wie kein Fett.

Anrichten

Das durch den Wolf gedrehte Fleisch wird zu einem runden Laib geformt und oben mit einer kleinen Vertiefung versehen. In diese setzt man einen frischen, sauber vom Eiweiß getrennten Eidotter. Um das Fleisch selbst legt man die Gewürze.

Gewürze

Dazu gehören z. B. gehackte Zwiebeln, Kapern, Sardellen, die in Ringe gelegt oder auch zerkleinert sind, Senf, Schnittlauchröllchen, Salz, Pfeffer sowie Essig und Öl.

Variationen

Zusätzlich können Sie auch Zitronensaft, Cognac oder Crème fraîche dazu servieren. Auch fein geschnittene Radieschenscheiben schmecken sehr gut zum Tatar.

Richtig serviert

Tatar wird mit Petersilie und nach Belieben mit Tomaten oder Paprikaschoten garniert. Man reicht dazu Mischbrot, Toast oder Brötchen und Butter. Damit jeder das Fleisch nach eigenem Geschmack anmachen kann, gibt man einen zweiten Teller und zwei Gabeln dazu, die nach dem Vermischen des Tatars mit dem Ei und den entsprechenden Gewürzen wieder abgetragen werden.

Nährwerte

100 g angemachter Tatar enthalten ca. 210 Kalorien, 24 g Eiweiß, 4 g Kohlenhydrate, 11 g Fett und 2 g Ballaststoffe.

Leckere Gerichte

Der Tausendsassa Hackfleisch in seiner ganzen Vielfalt: Hier finden Sie alle Hackfleisch-Klassiker vom Burger über Hackklößchen bis hin zu Kohlrouladen und Spaghetti Bolognese. Und alle, die mal etwas Neues ausprobieren möchten, können sich z. B. an Red-Hot-Chili-Nudeln, Moussaka, feurigen Empanadas oder mexikanischen Hackfleischwürstchen in Maisblättern austoben. Viel Spaß dabei und guten Appetit!

Geflügelhackfleisch mit Steinchampignons

Da Geflügelhackfleisch nicht verkauft wird, wurden für dieses Rezept vier Hühnerbrüste mit insgesamt 850 g durch den Fleischwolf gedreht. Bitte alle Geräteteile und Arbeitsflächen im Anschluss sofort gründlich reinigen.

Zubereitung:

1. Die Zwiebel schälen und in feine Würfel schneiden und die Karotten putzen, schälen und mit dem Gemüsehobel in feine Scheiben hobeln.

2. Die Steinchampignons abbürsten, schadhafte Stellen abschneiden und wenn notwendig mit kaltem Wasser abbrausen. Dann die Champignons auf ein Blatt Küchenkrepp legen, trocken tupfen und vierteln.

3. Das Butterschmalz in einer Pfanne erhitzen, das Hackfleisch darin krümelig braten und mit Salz, Pfeffer sowie Muskatnuss würzen. Achtung: Geflügelhackfleisch muss immer durchgebraten sein!

4. Das Hackfleisch in einen großen Topf umfüllen. Die Zwiebelwürfel in der Pfanne glasig dünsten und die Karottenscheiben dazugeben.

5. Die Zwiebeln und die Karotten zum Hackfleisch in den Topf geben, die klare Hühnerbouillon sowie den Bratensaft darüberstreuen, ¼ l Wasser darübergießen und das Ganze gut durchköcheln lassen.

6. Etwas Butterschmalz in der Pfanne erhitzen und die Steinchampignons darin dünsten.

7. Den Schnittlauch waschen, trocken schütteln und in feine Röllchen schneiden.

8. Je nach Geschmack kann man die Steinchampignons zusammen mit dem Hackfleisch servieren oder getrennt dazu reichen. Den Schnittlauch stellen Sie am besten getrennt in einem Schüsselchen dazu. So kann sich jeder so viel über sein Gericht streuen, wie er möchte.

Tipp: Schmeckt hervorragend zu Spaghetti.

Zutaten:

für 4 Personen

1 Zwiebel
2 Karotten
350 g Steinchampignons
Butterschmalz zum Braten
850 g Geflügelhackfleisch
1 EL Hühnerbouillon

1 EL Bratensaft
1 Bund Schnittlauch
Salz
Pfeffer
Muskatnuss

Wirsingsäckchen in Estragonsoße

Zubereitung:

1. Das Brötchen in warmem Wasser einweichen und die Kräuter waschen, trocken schütteln und fein hacken.

2. Das Hähnchenfleisch durch einen Fleischwolf drehen, bis eine geschmeidige Masse entstanden ist. Danach sofort alle Geräteteile und Arbeitsflächen gründlich reinigen.

3. Die Fleischmasse mit den Kräutern, dem ausgedrückten Brötchen, dem Mehl sowie dem Ei vermischen und das Ganze mit Salz und Pfeffer abschmecken.

4. Von den Wirsingblättern den harten Strunk abschneiden. Wasser in einem Topf zum Kochen bringen, die Wirsingblätter nacheinander darin blanchieren und nebeneinander auslegen.

5. Die Wirsingblätter in eine Suppenkelle drücken, die Fleischmasse in die Vertiefung geben und dann die Blätter wie ein Säckchen mit Küchengarn oben zusammenbinden.

6. Einen Topf ca. 2 cm hoch mit Wasser füllen, den Dämpfeinsatz hineinstellen, die Wirsingsäckchen daraufsetzen und bei geschlossenem Deckel ca. 15 Minuten dämpfen.

7. Für die Soße den Estragon waschen, trocken schütteln und grob hacken und die Schalotte schälen und fein hacken. Die Butter in einem Topf schmelzen und die gehackte Schalotte darin anbraten.

8. Die Sahne mit der Speisestärke glatt rühren, diese Mischung zusammen mit dem Wirsingsud und dem Wein aufgießen und fünf Minuten köcheln lassen.

9. Die Orangenschale und den gehackten Estragon in die Soße rühren, mit Salz sowie Pfeffer abschmecken und die Wirsingsäckchen mit der Soße servieren.

Tipp: Servieren Sie die Wirsingsäckchen mit leckeren Bandnudeln.

Zutaten:
für 2 Personen

Für die Wirsingsäckchen:
½ altbackenes Brötchen
½ Bund gemischte Kräuter
250 g Hähnchenfilets
1 EL Mehl
1 Ei
4 große Wirsingblätter
Salz
Pfeffer
Küchengarn

Für die Soße:
½ Bund Estragon
1 Schalotte
1 EL Butter
100 ml süße Sahne
1 TL Speisestärke
200 ml Wirsingsud
100 ml trockener Weißwein
Schale von 1 unbehandelten Orange

Hackbällchen
„Tomaten & Oliven"

Zubereitung:

1. Das Hackfleisch eventuell mit Salz und Pfeffer würzen.

2. Das Hackfleisch mit dem Ei und dem Paniermehl vermischen, zu kleinen Bällchen formen und in dem erhitzten Öl ca. zehn Minuten braten. Achtung: Geflügelhackfleisch immer durchbraten!

3. Den Reis nach Packungsanweisung zubereiten, abschütten und gut abtropfen lassen.

4. Die Kirschtomaten waschen, halbieren, kurz vor dem Ende der Bratzeit mit der Soße zu den Hackbällchen geben und miterhitzen.

5. Die Hackbällchen zusammen mit dem Reis und der Soße auf Tellern anrichten und nach Wunsch mit frischem Basilikum garniert servieren.

Tipp: Die Hackbällchen schmecken frisch-würzig, wenn Sie einige Blätter gehackte Minze untermischen.

Zutaten:

für 2 Personen

250 g Geflügelhackfleisch
(alternativ: gemischtes Hackfleisch)
1 kleines Ei
2 EL Paniermehl
1 EL Speiseöl
125 g (1 Kochbeutel) Uncle Ben's
10-Minuten-Spitzen-Langkorn-Reis

200 g Kirschtomaten
1 Glas Uncle Ben's Soße
„Sizilianische Art –
Tomaten & grüne Oliven"
(400 g)
Salz, Pfeffer
frisches Basilikum zum Garnieren

Frikadellen

Zutaten:

für 4 Personen

8 Zwiebeln
1 altbackenes Brötchen
500 g gemischtes Hackfleisch
1 Ei
½ TL Salz
4 EL Butterschmalz
Pfeffer
Muskatnuss

Zubereitung:

1. Eine Zwiebel schälen und in feine Würfel schneiden. Das altbackene Brötchen in heißem Wasser einweichen, bis es völlig durchtränkt ist.

2. Das Hackfleisch, die Zwiebelwürfel, das Ei und das Salz in eine Schüssel geben und mit einer Gabel gut durchmischen.

3. Das eingeweichte Brötchen mit den Händen fest ausdrücken, in die Schüssel zu der Hackfleischmischung geben und das Ganze gut durchmengen. Die Mischung mit Pfeffer und Muskatnuss nach Belieben abschmecken.

4. Die restlichen Zwiebeln schälen und in Ringe schneiden.

5. Zwei Esslöffel von dem Butterschmalz in einer Pfanne mit ca. 28 cm Durchmesser erhitzen. Die Zwiebelringe hineingeben und bei mittlerer Hitze etwa 15 Minuten anbraten, dabei immer wieder mit einem Holzlöffel wenden. Nach Wunsch noch etwas Butterschmalz zugeben, damit die Zwiebeln „glasig" werden, und mit Salz und Pfeffer würzen.

6. Das restliche Butterschmalz in einer zweiten Pfanne erhitzen. Die Hände anfeuchten und aus der Hackfleischmasse Kugeln formen, flach drücken und in dem heißen Fett von beiden Seiten scharf anbraten. Die Frikadellen so lange durchziehen lassen, bis die Zwiebelringe fertig sind.

7. Die heißen Frikadellen auf einer vorgewärmten Platte anrichten, mit den Zwiebelringen belegen und sofort servieren. Dazu passen Salzkartoffeln und Tomatensalat.

Tipp: Wenn man die Zwiebeln dunkler haben möchte, muss das Fett beim Anbraten der Zwiebeln heiß sein. Ein Esslöffel Soßenpulver darübergestreut und mit gut ¼ l Wasser aufgekocht, bekommen Sie eine schmackhafte Soße.

Gabelspaghetti „Kinderspaß"

Zubereitung:

1. Die Gabelspaghetti nach Packungsanweisung zubereiten, abschütten und gut abtropfen lassen.

2. Für die Hackfleischbällchen das Brötchen einweichen und ausdrücken und die Zwiebel schälen und fein würfeln.

3. Das Hackfleisch, die Zwiebelwürfel und das Ei miteinander verkneten und mit dem Basilikum sowie Salz, Pfeffer und Paprikapulver pikant abschmecken. Aus der Masse kleine Bällchen formen.

4. Für die Soße die Zwiebel und die Knoblauchzehe schälen, würfeln und in dem Öl glasig dünsten.

5. Die Brühe angießen, die Tomaten und die Hackfleischbällchen dazugeben und das Ganze 15 Minuten köcheln lassen.

6. Die Erbsen an die Soße geben und kurz miterwärmen. Die Soße pikant abschmecken und zusammen mit den Hackfleischbällchen und den Nudeln servieren.

Zutaten:

für 4 Personen

250 g Birkel's No. 1 Gabelspaghetti

Für die Hackfleischbällchen:
1 Brötchen
1 Zwiebel
400 g gemischtes Hackfleisch
1 Ei
1 TL Basilikum, gerebelt
Salz
Pfeffer
Paprikapulver

Für die Soße:
1 Zwiebel
1 Knoblauchzehe
2 EL Olivenöl
¼ l Brühe
1 kleine Dose Tomaten (400 g)
50 g TK-Erbsen

Hackfleisch-Röllchen im Speckmantel

Zubereitung:

1. Die Petersilie und den Schnittlauch waschen, trocken schütteln und klein schneiden. Die Knoblauchzehe schälen, mit einem breiten Messer zerdrücken und fein hacken.

2. Die Butter in einer Schüssel mit der Gabel zerdrücken, die klein geschnittenen Kräuter und den zerdrückten Knoblauch dazugeben, mit Salz und Pfeffer würzen und mit der Gabel gut vermengen.

3. Das Baguette halbieren, mit der Kräuterbutter bestreichen und beiseitestellen.

4. Die Brötchenhälfte in heißem Wasser einweichen. Die Zwiebel schälen und klein schneiden. Die Petersilie und den Majoran waschen, trocken schütteln, die Blätter abzupfen und klein schneiden.

5. In einer Schüssel Hackfleisch, Zwiebel, Petersilie, Majoran, das gut ausgedrückte Brötchen und das Ei mit den Händen kräftig verkneten, mit Salz und Pfeffer würzen und abschmecken.

6. Aus der Fleischmasse Röllchen formen, in die Speckscheiben einwickeln, auf einen Teller legen und beiseitestellen.

7. Die großen Zwiebeln und den Knoblauch schälen, die Zwiebeln halbieren und in dünne Scheiben schneiden, den Knoblauch mit einem breiten Messer zerdrücken und klein würfeln. Die Frühlingszwiebeln putzen, waschen und in Ringe schneiden.

8. Den Backofen auf 200° C, Gas Stufe 3–4, Umluft 180° C vorheizen und das Kräuter-Baguette 10 bis 15 Minuten backen.

9. In der Pfanne das Öl erhitzen und die Fleischröllchen ca. acht Minuten knusprig anbraten. Die Zwiebeln, den Knoblauch und die Frühlingszwiebeln hinzugeben, durchrühren und ca. zehn Minuten bei geschlossenem Deckel schmoren lassen.

10. Das Ganze immer wieder umrühren und – wenn nötig – etwas Wasser hinzufügen, damit nichts anbrennt. Zum Schluss mit Salz und Pfeffer abschmecken, mit frischem Salbei garnieren und mit dem warmen Kräuter-Baguette servieren.

Tipp: Reichen Sie dazu einen leckeren Feldsalat und Rotwein aus Savoyen.

Zutaten:

für 2 Personen

2 EL frische Petersilie
1 EL frischer Schnittlauch
1 Knoblauchzehe
60 g weiche Butter
Salz
Pfeffer
½ Baguette

Für die Röllchen:
½ altbackenes Brötchen
1 kleine Zwiebel
1 EL frische Petersilie
1 EL Majoran

200 g gemischtes Hackfleisch
1 kleines Ei
6 Scheiben durchwachsener Speck
2 große Zwiebeln
1 Knoblauchzehe
3 Frühlingszwiebeln
etwas Öl zum Braten
Salz
Pfeffer

Zum Garnieren:
frischer Salbei

Fasskraut-Chili mit Käsebaguette

Zubereitung:

1. Das Öl in einem Topf erhitzen und das Hackfleisch darin krümelig anbraten.

2. Die Zwiebeln schälen und in Würfel schneiden und die Chilischote waschen, die Kerne entfernen und fein würfeln. Beide Zutaten mit dem Fasskraut zum Hackfleisch geben und kurz mitbraten.

3. Die Tomaten, die Gemüsebrühe und das Tomatenmark dazugeben und das Ganze mit Deckel ca. 20 Minuten garen.

4. In der Zwischenzeit den Backofen auf 200° C, Gas Stufe 3–4, Umluft 180° C vorheizen.

5. Für das Käsebaguette das Baguette in Scheiben schneiden, die Scheiben nebeneinander auf ein mit Backpapier ausgelegtes Backblech legen, mit dem Käse bestreuen und ca. fünf bis zehn Minuten knusprig backen.

6 Den Mais abtropfen lassen, zum Chili geben, alles kräftig mit Salz, Pfeffer und Zucker abschmecken und mit den knusprigen Baguettescheiben und nach Wunsch mit frischen Kräutern garniert servieren.

Zutaten:
für 4 Personen

Für das Chili:
2 EL Speiseöl
500 g gemischtes Hackfleisch
2 Zwiebeln
1 rote Chilischote
1 Glas Kühne Original Fasskraut nach traditioneller Art gereift (720 ml)
2 Dosen stückige Tomaten à 400 g
400 ml Gemüsebrühe
2 EL Tomatenmark

1 Dose Mais (425 ml)
Salz
Pfeffer
Zucker
frische Kräuter zum Garnieren

Für das Käsebaguette:
1 kleines Baguette (= 200 g)
ca. 120 g geriebener Käse

Zutaten:

für 4 Personen

2 Zwiebeln
400 g gemischtes Hackfleisch
200 g Natur-Speisequark (40 %)
2 Eier

40 g Semmelbrösel
40 g Margarine
Salz
Pfeffer

Quark-Fleisch-Frikadellen

Zubereitung:

1. Die Zwiebeln schälen und fein würfeln.

2. Das Hackfleisch, den Quark, die Zwiebelwürfel und die Eier mit den Knethaken des Handrührgerätes auf mittlerer Stufe miteinander vermengen und mit Salz und Pfeffer würzen.

3. Aus dem Hackfleischteig mit nassen Händen flache Klopse formen.

4. Die Frikadellen in den Semmelbröseln wenden.

5. Die Margarine erhitzen und die Frikadellen von beiden Seiten knusprig braten.

Blätterteigkuchen „Athena"

Zubereitung:

1. Den Backofen auf 180° C, Gas Stufe 2–3, Umluft 160° C vorheizen.

2. Den Blätterteig auf einem Backblech entrollen und das Hackfleisch in dem erhitzten Öl krümelig anbraten.

3. Die Zwiebeln schälen und würfeln, den Knoblauch schälen und zerdrücken und beides kurz mitbraten.

4. Die getrockneten Tomaten abtropfen lassen und fein würfeln und die schwarzen und grünen Oliven in Scheiben schneiden.

5. Die Tomatenwürfel und die Oliven- scheiben mit dem Tomatenmark zum Hackfleisch geben und mit Salz und Pfeffer pikant abschmecken.

6. Alles auf dem Blätterteig verteilen, den Feta in Würfel schneiden, auf die Hack- fleischmasse geben und das Ganze mit dem Oregano und den Thymianblättchen bestreuen.

7. Den Kuchen ca. 25 Minuten backen, etwas abkühlen lassen und servieren.

Zutaten:

für ca. 8 Stücke

1 Packung Henglein Blätterteig
(275 g)
300 g gemischtes Hackfleisch
1 EL Sonnenblumenöl
2 Zwiebeln
1 Knoblauchzehe
100 g getrocknete Tomaten in Öl

je 50 g schwarze und
grüne Oliven ohne Stein
2–3 EL Tomatenmark
200 g Feta
1 TL Oregano, gehackt
1 TL Thymianblättchen
Salz
frisch gemahlener Pfeffer

Feurige Empanadas

Zubereitung:

1. Die Blätterteigquadrate nebeneinander legen, nach Packungsanweisung auftauen lassen und Kreise aus dem Teig ausstechen.

2. Das Hackfleisch in dem erhitzten Öl krümelig anbraten.

3. Die Zwiebel schalen, fein würfeln, zum Hackfleisch geben und andünsten.

4. Jeweils ca. 30 g der grünen und schwarzen Oliven ebenfalls fein würfeln, zusammen mit den Tomaten dazugeben und alles etwas einkochen lassen.

5. Den Backofen auf 200° C, Gas Stufe 3–4, Umluft 180° C vorheizen.

6. Die Füllung mit der Würzpaste, dem Chili-con-Carne-Würzer sowie dem Cumin pikant abschmecken und so auf den Blätterteigkreisen verteilen, dass außen ein Rand frei bleibt.

7. Das Ei trennen, die Ränder der Blätterteigkreise mit dem Eiweiß bestreichen, zu Halbmonden zusammenklappen, mit dem verquirlten Eigelb bestreichen und mit etwas Chili-con-Carne-Würzer bestreuen.

8. Die Empanadas ca. 15–20 Minuten goldbraun backen, etwas abkühlen lassen und mit den restlichen Oliven garniert servieren.

Zutaten:

für 4 Personen

8 TK-Blätterteigquadrate
300 g gemischtes Hackfleisch
1 EL Speiseöl
1 Zwiebel
je 40 g grüne und schwarze Oliven
200 g stückige Tomaten

3–4 EL Fuchs Hot Chili „Harissa"
Würzpaste
ca. ½–1 EL Fuchs Chili-con-Carne-
Würzer
2–3 Msp. Fuchs Cumin, gemahlen
1 Ei

Indische Hackbällchen mit Curry-Dip

Zutaten:
für 4 Personen

Für die Hackbällchen:
1 rote Chilischote
4 EL Pinienkerne
600 g gemischtes
Hackfleisch
1 Ei
4 EL Semmelbrösel
3–4 TL Fuchs Indien-
Würzmischung
2–3 EL Öl
Salz
Fuchs Pfeffer weiß,
gemahlen

Für den Dip:
150 g Naturjoghurt
100 g Crème fraîche
2 Scheiben Ananas
aus der Dose
1–2 TL Fuchs Curry
„Goldelefant"
Salz
Fuchs Pfeffer weiß,
gemahlen

Zubereitung:

1. Die Chilischote waschen, die Kerne entfernen und die Schote fein hacken und die Pinienkerne grob hacken.

2. Das Hackfleisch mit der Chili, den Pinienkernen, dem Ei, den Semmelbröseln und den Gewürzen mischen und zu kleinen Bällchen formen.

3. Die Bällchen in dem erhitzten Öl braten.

4. Für den Dip den Joghurt mit der Crème fraîche verrühren. Die Ananasscheiben in kleine Würfel schneiden und dazugeben.

5. Den Dip mit Curry, Salz und Pfeffer abschmecken und zu den Hackbällchen servieren.

Beltane

bio fix

Pasta Schuta
Sizilianische Hackfleisch-Gemüse-Sauce
kräuterwürzig

BIO

2 Portionen

Pasta Schuta

Zutaten:

für 4 Personen

400 g Spaghetti
300 g Karotten
3 EL Olivenöl
2 Packungen Beltane biofix
Pasta Schuta (aus dem Bioladen)

400 g gemischtes Hackfleisch
200 g Tomatenmark
Salz
gehackte Petersilie zum Garnieren

Zubereitung:

1. Die Spaghetti nach Packungsanweisung zubereiten, abschütten und gut abtropfen lassen.

2. Die Karotten putzen, waschen und auf der Reibe raspeln. Das Olivenöl zusammen mit der Pasta-Schuta-Würzmischung 1 (kleiner Beutel) in eine Pfanne geben und erhitzen.

3. Sobald die Gewürze ihren Duft verströmen, das Hackfleisch hinzugeben und krümelig anbraten.

4. Die geraspelten Karotten dazugeben und kurz mitbraten.

5. 400 ml Wasser angießen, die Würzmischung 2 (großer Beutel) und das Tomatenmark einrühren und das Ganze bei geschlossenem Deckel in fünf Minuten fertig garen, dabei gelegentlich umrühren.

6. Die Hackfleischsoße zusammen mit den Spaghetti auf Tellern anrichten, etwas gehackte Petersilie darüberstreuen und servieren.

Steakhouse-Burger

Zubereitung:

1. Das Hackfleisch mit Salz und dem Steakhouse-Pfeffer würzen und zu vier Frikadellen formen.

2. Das Öl erhitzen, die Frikadellen dazugeben und ca. zehn Minuten braten.

3. Die Zwiebeln schälen und in Ringe schneiden, die Salatblätter waschen und trocken tupfen und die Gewürzgurken in Scheiben schneiden.

4. Für die Soße den Joghurt mit Salz, Zucker, dem Steakhouse-Pfeffer und dem Schnittlauch verrühren.

5. Die Tomate waschen, vom Strunk befreien, in kleine Würfel schneiden und unter den Joghurt rühren.

6. Die Hamburger-Brötchen nach Wunsch im Backofen erwärmen und die untere Hälfte der Brötchen mit der Joghurtsoße bestreichen.

7. Die Brötchenhälften mit den Frikadellen, den Zwiebelringen, den Gurkenscheiben und jeweils einem Salatblatt belegen, mit den oberen Brötchenhälften abdecken und servieren.

Zutaten:

für 4 Personen

500 g gemischtes Hackfleisch
2 TL Fuchs Steakhouse-Pfeffer
2 EL Speiseöl
2 Zwiebeln
4 Salatblätter
2 Gewürzgurken
4 Hamburger-Brötchen
Salz

Für die Joghurtsoße:

100 g Naturjoghurt
1 TL Fuchs Steakhouse-Pfeffer
1 TL Fuchs Schnittlauch,
gefriergetrocknet
1 Tomate
Salz
Zucker

Hackfleisch-Mitternachtssuppe

Zubereitung:

1. Die Zwiebeln und den Knoblauch schälen. Die Zwiebeln in feine Würfel schneiden und den Knoblauch durch eine Knoblauchpresse drücken. Wer keine Knoblauchpresse zur Hand hat, kann diesen fein würfeln, etwas Salz darüber streuen und den Knoblauch mit einem flachen Messer zerdrücken.

2. Den Lauch putzen, waschen, in einem Sieb gut abtropfen lassen und in ca. 5 mm dünne Ringe schneiden. Ein paar feine Ringe zum Garnieren beiseitestellen.

3. Das Öl in einem großen Topf mit ca. 8 l Inhalt erhitzen und die Dörrfleisch- und Zwiebelwürfel nacheinander darin anbraten. Zum Schluss den zerdrückten Knoblauch dazugeben.

4. Anschließend in dem sehr heißen Öl das Hackfleisch scharf und krümelig anbraten, bis es eine bräunliche Farbe annimmt.

5. Die Lauchringe unter ständigem Rühren in die Masse einrühren und kurz anbraten. Das Ganze mit ca. 4 l heißem Wasser auffüllen, wieder zum Kochen bringen und die Fleischbrühe einrühren.

6. Die Suppe mit Salz, Pfeffer und Muskatnuss würzen. Die beiseitegestellten Lauchringe können Sie entweder in die Suppe einrühren oder in einer Schale dazustellen, damit sich jeder selbst etwas davon über seinen Teller streuen kann.

Zutaten:

für 8 Personen

4 Zwiebeln
3 Knoblauchzehen
2 Stangen Lauch
8 EL Olivenöl
150 g fein gewürfeltes Dörrfleisch

1 kg gemischtes Hackfleisch
2 EL gekörnte Fleischbrühe
Salz
Pfeffer
Muskatnuss

Hackklößchen „Rotes Curry"

Zutaten:

für 4 Personen

2 Kochbeutel Uncle Ben's
Natur-Reis à 125 g
200 g Frühlingszwiebeln
600 g gemischtes Hackfleisch
2 EL Speiseöl
2 Gläser Uncle Ben's Soße
Indisch – Rotes Curry à 400 g

100 g Erdnüsse
Salz
frisch gemahlener Pfeffer
frische Petersilie zum
Garnieren

Zubereitung:

1. Den Reis nach Packungsanweisung zubereiten, abschütten und gut abtropfen lassen.

2. Die Frühlingszwiebeln putzen,
waschen und in feine Ringe
schneiden.

3. Das Hackfleisch und den
Großteil der Frühlingszwiebel-
ringe vermengen und mit
Salz sowie Pfeffer würzen.

4. Aus der Hackfleischmischung
kleine Bällchen formen und in
einer Pfanne in dem erhitzten
Öl von allen Seiten ca. fünf
Minuten braten.

5. Die Soße angießen und kurz
miterhitzen. Die Erdnüsse
grob hacken.

6. Den Reis mit der Hackklöß-
chen-Currysoße anrichten,
die gehackten Erdnüsse
darüberstreuen, mit den
restlichen Frühlingszwiebel-
röllchen und etwas Petersilie
garnieren und servieren.

Feurige Paprikaschoten

Zutaten:

für 4 Personen

200 g gemischtes Hackfleisch
1 TL mittelscharfer Senf
1 Prise Paprikapulver, scharf
70 g Champignons
1 kleine Zwiebel
1 Knoblauchzehe
1 EL Olivenöl
200 g Mais aus der Dose
100 g Feta

8 grüne und schwarze Oliven
1 EL TK-8-Kräuter-Mischung
je 2 rote und gelbe Paprikaschoten
1 Glas Birkel Nudel up Bolognese
(400 g)
4 EL süße Sahne
Salz
Pfeffer

Zubereitung:

1. Das Hackfleisch mit dem Senf, dem Paprikapulver, Salz, Pfeffer würzen.

2. Die Champignons abbürsten, schlechte Stellen abschneiden und in kleine Würfel schneiden.

3. Die Zwiebel und den Knoblauch schälen, den Knoblauch in Scheiben schneiden und die Zwiebel fein würfeln.

4. Das Hackfleisch in dem heißen Olivenöl anbraten, die Champignonwürfel, die Zwiebel und den Knoblauch dazugeben und mitandünsten.

5. Den Mais abtropfen lassen, den Feta würfeln und die Oliven entsteinen und in dünne Scheiben schneiden.

6. Alle drei Zutaten unter die Hackfleischmasse mischen und mit der 8-Kräuter-Mischung würzen.

7. Die Paprikaschoten gut waschen, von jeder Schote das oberste Viertel abschneiden und die Schoten vom Kerngehäuse sowie den weißen Innenwänden befreien.

8. Die Paprikaschoten mit der Hackfleischmasse füllen, die Deckel darauflegen und die Schoten in eine Auflaufform geben.

9. Die Bolognese-Soße und die Sahne mischen und die Mischung um die Paprikaschoten herum in der Auflaufform verteilen.

10. Die gefüllten Paprikaschoten im vorgeheizten Backofen bei 180° C, Gas Stufe 2–3, Umluft 160° C ca. 30 Minuten garen und anschließend mit der Soße servieren.

Kohlrouladen mit Pilzfüllung

Zubereitung:

1. Die Kohlblätter blanchieren, abtropfen lassen und das Kochwasser beiseitestellen.

2. Für die Füllung die Gabelspaghetti nach Packungsanweisung zubereiten, abschütten und gut abtropfen lassen.

3. Das Hackfleisch, das Ei, den Senf und das Paniermehl miteinander verkneten und das Ganze mit Salz und Pfeffer würzen.

4. Die Zwiebel schälen, die Karotte schälen und waschen und die Champignons abbürsten und schlechte Stellen abschneiden.

5. Die Zwiebel in feine Würfel, die Karotte in Streifen und die Champignons in Scheiben schneiden.

6. Die Zwiebelwürfel, die Karottenstreifen und die Champignonscheiben sowie die Gabelspaghetti zu der Hackfleischmasse geben und alles miteinander vermischen.

7. Die blanchierten Kohlblätter mit der Hackfleisch-Nudel-Masse füllen, mit einem Bindfaden zusammenbinden und in der heißen Butter von allen Seiten anbraten.

8. In der Zwischenzeit für die Soße die Tomate am Blütenansatz über Kreuz einschneiden, mit kochendem Wasser überbrühen und die Haut abziehen.

9. Die Zwiebel schälen und die Karotte, die Kohlrabi und den Sellerie putzen und waschen. Alle vier Zutaten in Würfel schneiden, zu den Kohlrouladen geben und kurz mitdünsten.

10. 400 ml des verbliebenen Kohl-Kochwassers angießen und die Rouladen ca. 15 Minuten garen. Anschließend die Rouladen herausnehmen und warm stellen.

11. Den Rouladen-Kohl-Fond pürieren, mit der Sahne und dem Weißwein verfeinern und mit Salz und Pfeffer abschmecken.

12. Die Rouladen mit der Soße und ein paar Schnittlauchröllchen garniert servieren.

Zutaten:

für 4 Personen

8 Blätter Spitzkohl
Schnittlauchröllchen zum Garnieren
Bindfaden

Für die Füllung:
250 g Birkel's No. 1 Gabelspaghetti
250 g gemischtes Hackfleisch
1 Ei
1 TL Senf
2 EL Paniermehl
1 Zwiebel
1 kleine Karotte
100 g Champignons
1 EL Butter
Salz
Pfeffer

Für die Soße:
1 Tomate
1 Zwiebel
1 Karotte
½ Kohlrabi
1 Stange Staudensellerie
3 EL süße Sahne
2 EL trockener Weißwein
Salz
Pfeffer

Königsberger Klopse

Zubereitung:

1. Das Brötchen einweichen und ausdrücken und die Zwiebel schälen und würfeln.

2. Beide Zutaten mit dem Hackfleisch, dem Ei und dem Senf vermischen und mit dem Pfeffer, zwei Teelöffeln von dem Kerbel und Salz würzen.

3. 750 ml Wasser mit etwas Salz und dem Essig aufkochen, die Hackfleischmasse zu Klopsen formen und in dem Sud ca. 15 Minuten garen.

4. Für die Soße die Butter erhitzen, das Mehl darin anschwitzen, den Sud angießen und zusammen aufkochen.

5. Das Ganze mit der Sahne sowie den Kapern verfeinern und mit den Gewürzen abschmecken.

6. Die Klopse dazugeben und ca. fünf Minuten in der Soße ziehen lassen. Die Klopse zusammen mit der Soße auf Tellern anrichten, mit dem restlichen Kerbel bestreuen und servieren.

Tipp: Dazu schmecken Petersilienkartoffeln und Rote Bete.

Zutaten:

für 4 Personen

Für die Klopse:
1 altbackenes Brötchen
1 Zwiebel
500 g gemischtes Hackfleisch
1 Ei
1 TL mittelscharfer Senf
1–2 TL Ostmann Pfeffer
schwarz/weiß, geschrotet
3 TL Ostmann Kerbel, gerebelt
2 EL Essig
Salz

Für die Soße:
30 g Butter
30 g Mehl
100 ml süße Sahne
1 Glas Ostmann Kapern,
frisch eingelegt
¼ TL Ostmann Pfeffer
schwarz/weiß, geschrotet
Salz
Zucker

Auberginen-Hackpfanne

Zubereitung:

1. Die Auberginen putzen, waschen, in Würfel schneiden, mit Salz bestreuen und ziehen lassen.

2. Die Tomaten waschen, die Stielansätze abschneiden und die Tomaten grob hacken.

3. Die Zwiebeln schälen und hacken. Den Majoran waschen, trocken schütteln und die Blätter von den Stielen zupfen.

4. Die Auberginenwürfel durch ein Sieb abtropfen lassen.

5. Die Knoblauchbutter in der Pfanne zerlassen, die Zwiebeln, die Auberginenwürfel und das Hackfleisch hinzugeben und alles unter Rühren 15 Minuten bei mittlerer Hitze dünsten.

6. Zum Schluss die Tomaten, das Tomatenmark und den Großteil des Majorans hinzufügen, weitere zehn Minuten garen und mit Salz, Pfeffer sowie Paprikapulver pikant abschmecken.

7. Die Hackpfanne auf Tellern anrichten und mit dem restlichen Majoran garniert servieren.

Tipp: Dazu passt frisches Baguette- oder Fladenbrot.

Zutaten:

für 4 Personen

500 g Auberginen
300 g Tomaten
2 Zwiebeln
1 Bund Majoran
50 g Meggle Knoblauch-Butter

500 g gemischtes Hackfleisch
1 EL Tomatenmark
Salz
frisch gemahlener Pfeffer
Paprikapulver

Red-Hot-Chili-Nudeln

Zutaten:

für 4 Personen

500 g Birkel „Be balanced"-
Spaghetti
1 Zwiebel
2 Knoblauchzehen
je zwei grüne und schwarze Oliven
ohne Kern
2 EL Olivenöl
350 g gemischtes Hackfleisch
1 Dose stückige Tomaten (400 g)

200 ml Tomatensaft
2 EL Tomatenmark
50 g gehobelter Parmesan
Salz
Pfeffer
Chilipulver
italienische Kräuter
Zucker

Zubereitung:

1. Die Spaghetti nach Packungsanweisung zubereiten, abschütten und gut abtropfen lassen.

2. Die Zwiebel und die Knoblauchzehen schälen und fein würfeln und die grünen und schwarzen Oliven in Scheiben schneiden

3. Das Olivenöl erhitzen und die Zwiebeln, den Knoblauch und das Hackfleisch darin krümelig anbraten.

4. Die stückigen Tomaten, den Tomatensaft und das Tomatenmark dazugeben und alles ca. zehn Minuten bei milder Hitze köcheln lassen.

5. Die Soße mit Salz, Pfeffer, Chilipulver, italienischen Kräutern und Zucker pikant abschmecken.

6. Die Soße mit den Spaghetti auf Tellern anrichten und mit dem gehobelten Parmesan und den Olivenscheiben bestreut servieren.

Pizzarollen

Zubereitung:

1. Den Backofen auf 220° C, Gas Stufe 4–5, Umluft 200° C vorheizen.

2. Den Teig in vier ca. 13 x 18 cm große Rechtecke schneiden und mit den passierten Tomaten bestreichen.

3. Das Hackfleisch mit Salz, Pfeffer und Paprikapulver würzen.

4. Die Paprikaschote halbieren, entkernen, waschen und in feine Würfel schneiden. Die Kräuter waschen, trocken schütteln und fein hacken.

5. Den Lauch putzen, waschen und in Ringe schneiden. Die Tomate waschen, den Stielansatz und die Kerne entfernen und das Fruchtfleisch würfeln.

6. Das Hackfleisch mit dem vorbereiteten Gemüse, den gehackten Kräutern und dem Frischkäse mischen, auf den Teigrechtecken verteilen, von der Längsseite her aufrollen und die Enden gut zusammendrücken.

7. Die Pizzarollen mit der glatten Seite nach oben auf ein mit Backpapier belegtes Backblech setzen, das Eigelb und die Milch verquirlen und die Pizzarollen damit bestreichen.

8. Die Pizzarollen im Backofen 15 bis 20 Minuten backen, in dicke Scheiben schneiden und mit frischem Basilikum garniert servieren.

Tipp: Bei dem Frischkäse können Sie variieren, indem Sie anstelle der Natur-Variante auch einmal Frischkäse mit Kräutern usw. verwenden.

1 Packung Henglein Pizzateig (400 g)
100 g passierte Tomaten aus der Dose
200 g gemischtes Hackfleisch
1 kleine rote Paprikaschote
1 Bund frische gemischte Kräuter, z. B.
Petersilie, Basilikum, Majoran
100 g Lauch
1 Tomate

100 g Frischkäse
1 Eigelb
1 EL Milch
Salz
Pfeffer schwarz, gemahlen
Paprikapulver edelsüß
frisches Basilikum zum Garnieren

Mexikanische Würstchen in Maisblättern

Zubereitung:

1. Die Maisblätter in warmem Wasser zwei bis drei Stunden einweichen, gut ausdrücken und ein bis zwei Blätter der Länge nach in etwa 1 cm breite Streifen schneiden.

2. Das Hackfleisch in eine Schüssel geben und die Zwiebel schälen und fein hacken. Das Toastbrot zerkleinern und mit der Zwiebel, den Eiern sowie dem Hackfleisch vermengen.

3. Die Chillies mit einem Mörser zermahlen, den Knoblauch schälen und zerdrücken und beide Zutaten unter die Hackfleischmasse kneten. Das Ganze mit dem Essig, der mexikanischen Würzmischung sowie dem Salz würzen und nochmals gut vermengen.

4. Die Maisblätter einzeln ausbreiten. Jeweils zwei Esslöffel von dem Hackfleischteig zu einer 8 bis 10 cm langen Rolle formen und in die Mitte des Maisblattes setzen.

5. Die Maisblätter um das Fleisch herum aufrollen und die Enden mit den Maisblattstreifen zubinden.

6. Je vier bis fünf Maisblatt-Würstchen auf einen Dämpfeinsatz legen, in einen breiten Topf setzen und Wasser knapp bis zum Einsatz angießen. Das Wasser zum Kochen bringen und die Würstchen zugedeckt bei mittlerer Hitze ca. 15 Minuten im Dampf garen.

7. Die fertigen Würstchen im Backofen warm halten, während die restlichen gedämpft werden.

8. Die warmen Würstchen in der Maisblatt-Hülle auf einer Platte anrichten, die Hüllen öffnen und die Hackfleisch-Würstchen nach Wunsch mit der mexikanischen Würzmischung bestreut servieren.

Zutaten:
für 4 Personen

50 g getrocknete Maisblätter-
Hüllen (ersatzweise Alufolie)
600 g gemischtes Hackfleisch
1 Zwiebel
4 Scheiben getrocknetes Toastbrot
2 Eier

2 Fuchs Chillies, ganz
3 Knoblauchzehen
4 EL Rotweinessig
3 TL Fuchs Mexikanische
Würzmischung
1–2 TL Salz

Hackfleisch-Knödel

Zubereitung:

1. Die Zwiebel schälen und in feine Würfel schneiden.

2. Das Hackfleisch und die Zwiebelwürfel in dem erhitzten Öl braten und mit dem Tomatenmark sowie 100 ml von den passierten Tomaten verrühren.

3. Anschließend das Ganze mit Salz und Pfeffer würzen und ca. fünf bis acht Minuten unter Rühren garen.

4. Den Kloßteig verkneten, zu kleinen Knödeln formen und dabei jeweils mit einem Teelöffel der Hackfleischmasse füllen.

5. Die Knödel nach Packungsanweisung zubereiten.

6. Die restlichen passierten Tomaten mit der Gemüsebrühe und der Sahne aufkochen und mit dem Ketchup, Salz, Pfeffer und Zucker abschmecken.

7. Die Knödel mit der Tomatensoße und nach Wunsch mit Schnittlauchröllchen garniert servieren.

Tipp: Mengen Sie unter die Hackfleischmasse zusätzlich noch rote Paprikawürfel. Dazu schmeckt ein knackiger Blattsalat.

Zutaten:

für 6 Personen

1 rote Zwiebel
150 g gemischtes Hackfleisch
2 EL Speiseöl
1 EL Tomatenmark
500 ml passierte Tomaten
1 Beutel Henglein Kloßteig (750 g)
100 ml Gemüsebrühe

100 ml süße Sahne
1–2 EL Ketchup
Salz
frisch gemahlener Pfeffer
Zucker
Schnittlauchröllchen zum Garnieren

Chili con carne

Zutaten:

für 4 Personen

2 Dosen Kidneybohnen à 270 g
3 EL Speiseöl
2 Packungen Beltane biofix Chili con Carne (aus dem Bioladen)
400 g gemischtes Hackfleisch
100 g Tomatenmark
gehackte Petersilie zum Garnieren

Zubereitung:

1. Die Kidneybohnen in einem Sieb mit kaltem Wasser abbrausen und abtropfen lassen.

2. Das Speiseöl zusammen mit der Chili-con-Carne-Würzmischung 1 (kleiner Beutel) in eine Pfanne geben und anschließend erhitzen.

3. Sobald die Gewürze ihren Duft verströmen, das Hackfleisch dazugeben und krümelig anbraten.

4. Die Bohnen und 400 ml Wasser hinzugeben und die Würzmischung 2 (großer Beutel) sowie das Tomatenmark einrühren.

5. Das Chili con Carne bei geschlossenem Deckel in fünf Minuten fertig garen und gelegentlich umrühren.

6. Das fertige Chili mit frisch gehackter Petersilie garnieren und servieren.

Tipp: Reichen Sie dazu frisches französisches Weißbrot.

Chili-Waffeln

Zubereitung:

1. Die Butter mit dem Salz und Pfeffer schaumig rühren, die Eier dazugeben und alles gut vermischen.

2. Das Stärkemehl, das Maismehl und das Backpulver miteinander vermengen und die Mehlmischung zusammen mit der Milch nach und nach zur Butter-Ei-Mischung geben.

3. Die Chilischoten waschen, aufschneiden, die Kerne entfernen, das Fruchtfleisch fein hacken und unter den Teig heben.

4. Das Waffeleisen auf Temperatur bringen, die Waffeln backen und mit einer typischen Chili-con-Carne-Soße wie auf der vorhergehenden Doppelseite oder einfach als Knabbergebäck servieren.

125 g Butter
½ TL Salz
4 Eier
100 g Stärkemehl
200 g Maismehl

½ TL Backpulver
150 ml Milch
4 Chilischoten
Pfeffer

Hackfleisch-Kartoffelnudel-Auflauf

Zubereitung:

1. Den Backofen auf 180° C, Gas Stufe 2–3, Umluft 160° C vorheizen.

2. Die Zwiebel schälen und in Würfel schneiden. Den Lauch putzen, waschen und in halbe Ringe schneiden.

3. Die Zucchini und die Kirschtomaten waschen und halbieren und die Zucchini zusätzlich in Scheiben schneiden.

4. Das Öl in einer Pfanne erhitzen und die Zwiebelwürfel darin anbraten. Das Hackfleisch dazugeben und kräftig anbraten.

5. Die Lauchringe und die Zucchinischeiben hinzufügen und mitdünsten. Die passierten Tomaten angießen, die halbierten Kirschtomaten unterheben und alles mit Salz und Cayennepfeffer abschmecken.

6. Die Kartoffelnudeln in Portionsauflaufformen geben und mit der Hackfleischsoße übergießen. Die Aufläufe mit dem geriebenen Käse bestreuen und im vorgeheizten Backofen 15 bis 20 Minuten backen und servieren.

Zutaten:

für 2–3 Personen

1 Zwiebel
1 Stange Lauch
1 Zucchini
250 g Kirschtomaten
2 EL Öl
400 g gemischtes
Hackfleisch

1 Packung passierte
Tomaten (500 g)
1 Packung Henglein
Kartoffelnudeln (500 g)
150 g geriebener Käse
Salz
Cayennepfeffer

Rahmwirsing-Pfanne

Zubereitung:

1. Den Reis in der erhitzten Butter andünsten, die Brühe nach und nach angießen, aufkochen und den Reis nach Packungsanweisung ausquellen lassen.

2. Den Wirsing putzen, waschen und in Streifen schneiden und die Schalotten schälen und würfeln.

3. Das Hackfleisch mit dem Ei, dem Paniermehl und dem Senf verkneten und mit Salz, Pfeffer und Paprikapulver würzen.

4. Die Hackfleischmasse zu kleinen Bällchen formen, in dem erhitzten Öl braten und herausnehmen.

5. Die Wirsingstreifen und die Schalottenwürfel in das verbliebene Bratfett geben und andünsten.

6. 100 ml Wasser angießen und abgedeckt ca. 10 bis 15 Minuten garen. Dann den Reis und die Frischeschale Milkana Sahne untermischen und alles mit den Gewürzen abschmecken.

7. Die Hackfleischbällchen hinzufügen und kurz miterhitzen. Alles auf vier Teller verteilen und mit der gehackten Petersilie bestreut servieren.

Zutaten:

für 4 Personen

200 g Risotto-Reis
1 TL Butter
400 ml Gemüsebrühe
800 g Wirsing
2 Schalotten
400 g gemischtes Hackfleisch
1 Ei
4 EL Paniermehl

1 TL Senf
2 EL Speiseöl
1 Frischeschale Milkana
Sahne (200 g)
Salz
frisch gemahlener Pfeffer
Paprikapulver
2 EL gehackte Petersilie

Tacos mit Hackfleisch-Füllung

Zutaten:
für 4 Personen

1 Zwiebel
1 EL Olivenöl
250 g gemischtes Hackfleisch
½ rote Paprikaschote
½ grüne Paprikaschote
3 EL Gemüsemais

400 ml mexikanische Soße
12 fertige Tacoschalen
einige Blätter Eisbergsalat
Salz
Pfeffer
Chilipulver

Zubereitung:

1. Die Zwiebel schälen und fein würfeln.

2. Das Olivenöl erhitzen und die Zwiebelwürfel darin andünsten. Das Hackfleisch
hinzugeben und kräftig krümelig anbraten.

3. Die Paprikahälften entkernen, waschen
und fein würfeln.

4. Den Mais, die Paprikawürfel und 200 ml
von der mexikanischen Soße dazugeben,
mit Salz, Pfeffer sowie Chilipulver pikant
abschmecken und kurz miterhitzen.

5. Inzwischen die Tacoschalen mit der offe-
nen Seite nach unten auf ein Backblech
setzen und im vorgeheizten Backofen bei
180° C, Gas Stufe 2–3, Umluft 160° C
ca. drei bis vier Minuten aufbacken.

6. Die aufgebackenen Tacoschalen innen
dick mit der restlichen mexikanischen Soße
bestreichen, mit den klein geschnittenen
Salatblättern auslegen, mit der Hackfleischmischung füllen und servieren.

Grieß-Maultaschen in Limettenbutter

Zubereitung:

1. Aus den Teig-Zutaten und einem Esslöffel kaltes Wasser einen geschmeidigen Nudelteig zubereiten und den Teig abgedeckt ca. zehn Minuten ruhen lassen.

2. Für die Füllung die Paprikaschote halbieren, entkernen, waschen und fein würfeln und die Knoblauchzehe schälen und zerdrücken.

3. Das Hackfleisch in dem erhitzten Öl mit dem Knoblauch anbraten, die Paprikawürfel dazugeben, mitdünsten und das Ganze etwas abkühlen lassen.

4. Die Pinienkerne, die Kräuter-Crème-fraîche, den Parmesan und die gehackte Petersilie unter die Hackfleischmasse mischen und mit Salz sowie Pfeffer pikant würzen.

5. Den Teig auf einer bemehlten Arbeitsfläche dünn ausrollen und in zwölf Rechtecke schneiden.

6. Die Hackfleisch-Füllung auf die Teig-Rechtecke verteilen, die Teigränder mit Wasser befeuchten, zusammenklappen und mit einer Gabel fest andrücken.

7. Die Maultaschen in kochendes Salzwasser geben, bei schwacher Hitze ca. 10 bis 15 Minuten gar ziehen lassen, herausnehmen und abtropfen lassen.

8. Für die Limettenbutter die Limette waschen, trocken reiben, die Schale in Zesten abziehen, das Fruchtfleisch in Filets herausschneiden und dabei den Saft auffangen.

9. Die Butter erhitzen, mit dem Limettensaft verfeinern und die Maultaschen in der Butter wenden.

10. Die Maultaschen auf Tellern anrichten und mit den Zesten, den Limettenfilets und frischem Basilikum garniert servieren.

Zutaten:

für 4 Personen

Für den Teig:
150 g Goldpuder Auslesemehl Type 405
150 g Goldpuder Hartweizen-Grieß
3 Eier
1 EL Speiseöl
1 TL Salz

Für die Füllung:
½ rote Paprikaschote
1 Knoblauchzehe
160 g gemischtes Hackfleisch
1 EL Olivenöl
20 g geröstete, gehackte Pinienkerne

2 EL Kräuter-Crème-fraîche
20 g geriebener Parmesan
1 EL gehackte Petersilie
Salz
frisch gemahlener Pfeffer

Für die Limettenbutter:
1 unbehandelte Limette
20 g Butter

Außerdem:
Mehl für die Arbeitsfläche
frisches Basilikum zum Garnieren

Pikante Grieß-Pfannkuchen

Zubereitung:

1. Für den Pfannkuchen-Teig die Eier mit der Milch verrühren, mit dem Salz und Muskat würzen, den Grieß einrieseln und den Teig ca. 30 Minuten ruhen lassen.

2. Inzwischen für die Füllung die Tomaten am Blütenansatz über Kreuz einschneiden, mit kochendem Wasser überbrühen, häuten, die Kerne und den Stielansatz entfernen und das Fruchtfleisch würfeln.

3. Die Zucchini und die Frühlingszwiebeln putzen und waschen, die Zucchini in kleine Würfel und die Frühlingszwiebeln in Ringe schneiden.

4. Die Zwiebel und die Knoblauchzehe schälen, fein würfeln und in dem erhitzten Öl andünsten. Das Hackfleisch dazugeben und krümelig anbraten.

5. Die Tomaten- und die Zucchiniwürfel, das Tomatenmark sowie den Tomatensaft hinzufügen und alles ca. fünf Minuten garen.

6. Den Mais abtropfen lassen und zusammen mit den Frühlingszwiebelringen dazugeben.

7. Die Füllung mit Salz, Cayennepfeffer und Kreuzkümmel abschmecken und warm stellen.

8. Für die Pfannkuchen das Öl in einer Pfanne erhitzen, den Teig gut durchrühren und nach und nach zu goldbraunen Pfannkuchen abbacken.

9. Die Füllung auf den Pfannkuchen verteilen, die Pfannkuchen zusammenklappen und servieren.

Tipp: Eine leckere Variante: Die gefüllten Pfannkuchen mit geriebenem Käse bestreuen und noch kurz im Backofen überbacken.

Zutaten:
für 4 Personen

Für die Pfannkuchen:
4 Eier
350 ml Milch
½ TL Salz
1 Prise Muskatnuss, gemahlen
150 g Goldpuder Hartweizen-Grieß
5 EL Speiseöl

Für die Füllung:
2 Tomaten
1 Zucchini

2 Frühlingszwiebeln
1 Zwiebel
1 Knoblauchzehe
1 EL Speiseöl
400 g gemischtes Hackfleisch
2 EL Tomatenmark
250 ml Tomatensaft
1 Dose Mais (340 g)
Salz
Cayennepfeffer
Kreuzkümmel

Grieß-Hackfleisch-Pfanne

Zubereitung:

1. Drei Esslöffel von dem Olivenöl in einer Pfanne erhitzen.

2. Eine Knoblauchzehe schälen, zerdrücken, zusammen mit dem Grieß in die Pfanne geben und unter Rühren anbraten.

3. Die Brühe angießen und den Grieß ca. 15 Minuten unter gelegentlichem Rühren bei schwacher Hitze garen.

4. Die Zwiebeln und die zweite Knoblauchzehe schälen und fein würfeln.

5. Die Oliven hacken und die Chilischoten waschen, entkernen und in feine Ringe schneiden.

6. Das restliche Öl in einer Pfanne erhitzen, die vorbereiteten Zutaten und das Hackfleisch hinzufügen und alles unter Rühren anbraten.

7. Die Zucchini putzen, waschen, würfeln und mitanbraten. Die passierten Tomaten einrühren und das Ganze ca. zehn Minuten garen lassen.

8. Die Paprikaschote halbieren, entkernen, waschen und in feine Streifen schneiden. Die Tomaten häuten, entkernen und würfeln.

9. Die Paprikastreifen und die Tomatenwürfel unter die Gemüse-Hackfleisch-Mischung geben, alles weitere fünf Minuten garen und mit dem Balsamicoessig, Salz und Pfeffer abschmecken.

10. Den Grieß und die Minzestreifen unter die Hackfleischmischung rühren und das Ganze mit ein paar frischen Minzeblättchen garniert servieren.

Zutaten:

für 4 Personen

5 EL Olivenöl
2 Knoblauchzehen
250 g Goldpuder Hartweizen-Grieß
250 ml Gemüsebrühe
2 Zwiebeln
100 g grüne Oliven ohne Stein
2 rote Chilischoten
300 g gemischtes Hackfleisch
1 Zucchini

50 g passierte Tomaten
1 rote Paprikaschote
4 Tomaten
Balsamicoessig
2 EL Minze in Streifen
Salz
Pfeffer
frische Minzeblättchen
zum Garnieren

Hackbraten mit Lauchkern

Zutaten:

für 4 Personen

2 Karotten
1 altbackenes Brötchen
1 Zwiebel
1 Stange Lauch
600 g gemischtes Hackfleisch
2 Eier
1 TL Thymian

1 TL Salbei
1 TL grüne Pfefferkörner
1 TL Butterschmalz
1 Bund Petersilie
Salz
1 Kastenform, ca. 25 cm lang

Zubereitung:

1. Die Karotten putzen, schälen, in Scheiben schneiden und mit einem Ausstecher kleine Blümchen aus den Karottenscheiben ausstechen.

2. Das Brötchen in Wasser einweichen und ausdrücken. Die Zwiebel schälen und fein hacken.

3. Den Lauch putzen, waschen und in der Länge der Kastenform abschneiden.

4. Das Hackfleisch, das ausgedrückte Brötchen, die Eier und die Zwiebel mit den Gewürzen verkneten.

5. Die Kastenform mit dem Butterschmalz ausfetten und die Karottenblümchen auf dem Boden der Form verteilen.

6. Die Hackfleischmasse mit der Lauchstange in der Mitte in die Form füllen und im vorgeheizten Backofen bei 180° C, Gas Stufe 2–3, Umluft 160° C ca. eine Stunde backen.

7. In der Zwischenzeit die Petersilie waschen, trocken schütteln und fein hacken.

8. Nach Ablauf der Garzeit den Hackbraten aus der Form nehmen, auf einer vorge- wärmten Platte anrichten und die Seiten mit der gehackten Petersilie verzieren.

Thai-Hackbällchen

Zubereitung:

1. Den Reis nach Packungsanweisung zubereiten, abschütten und gut abtropfen lassen.

2. Die Zwiebel und den Knoblauch schälen, die Zwiebel würfeln und den Knoblauch fein hacken.

3. Die Zwiebelwürfel, den Knoblauch, das Hackfleisch, das Eigelb, das Currypulver und Salz miteinander vermischen.

4. Die Hackfleischmasse zu kleinen Bällchen formen und in dem erhitzten Öl ca. fünf bis zehn Minuten braten.

5. Die Paprikaschote halbieren, entkernen, waschen, in schmale Streifen schneiden, zu den Hackfleischbällchen geben und andünsten.

6. Die Soße und die abgetropften Maiskölbchen hinzufügen und kurz miterhitzen.

7. Die Hackbällchen mit der Soße und dem Reis auf Tellern anrichten und mit frischer Petersilie garniert servieren.

Zutaten:

für 2–3 Personen

200 g Uncle Ben's 10-Minuten-
Spitzen-Langkorn-Reis
1 kleine Zwiebel
1 kleine Knoblauchzehe
300 g gemischtes Hackfleisch
1 Eigelb
1 TL Currypulver
2 EL Speiseöl

1 gelbe Paprikaschote
1 Glas Uncle Ben's Soße
„Chinesische Art – Süß-Sauer &
Gemüse" (400 g)
50 g Maiskölbchen aus der Dose
Salz
frische Petersilie zum Garnieren

Nudeln mit Haschee

Zubereitung:

1. Den Lauch putzen, waschen und die oberen dunkelgrünen Spitzen abschneiden. Den Rest der Länge nach vierteln und in Streifen schneiden.

2. Die Zwiebeln und den Knoblauch schälen und fein würfeln und den Emmentaler grob reiben.

3. Die Nudeln nach Packungsanweisung zubereiten.

4. Zwischenzeitlich das Öl in einem großen Topf erhitzen und die Zwiebel- sowie die Knoblauchwürfel darin anschwitzen. Die Lauchstreifen hinzufügen und ebenfalls etwas andünsten lassen.

5. Das Hackfleisch grob zerpflückt in die Pfanne geben, ein wenig anbraten und mit der Fleischbrühe, dem Wein und 250 ml Wasser aufgießen. Anschließend das Ganze mit Salz und Pfeffer kräftig abschmecken und ca. 15 Minuten garen.

6. Die Nudeln durch ein Sieb abschütten, gut abtropfen lassen, auf Tellern verteilen und mit der Hascheesoße überziehen. Zum Schluss alles mit dem geriebenen Käse sowie etwas Pfeffer bestreuen und servieren.

Tipp: Die Lauchstange können Sie auch durch Staudensellerie ersetzen.

Zutaten:
für 4 Personen

1 große Stange Lauch	200 g gemischtes Hackfleisch
2 Zwiebeln	250 ml Fleischbrühe
1 Knoblauchzehe	250 ml trockener Weißwein
100 g Emmentaler	Salz
500 g gerädelte Nudeln	Pfeffer
5 EL Pflanzenöl	

Festlicher Hackbraten mit Brie-Kern

Zubereitung:

1. Das Brötchen in Wasser einweichen, ausdrücken und zerkleinern. Das Hackfleisch mit dem eingeweichten Brötchen, dem Senf und dem Ei vermischen.

2. Die Zwiebel schälen, fein würfeln und zu der Hackfleischmischung geben. Das Ganze mit dem Thymian, Oregano, Cayennepfeffer, Paprikapulver, Salz und Pfeffer würzen und gut durchkneten.

3. Die äußeren Blätter vom Wirsing abnehmen, waschen, blanchieren und den Strunk herausschneiden. Die Blätter auf einem Küchentuch rechteckig auslegen und die Hackfleischmasse darauf verteilen.

4. Den Brie in feine Scheiben schneiden und die Paprikaschote halbieren, entkernen, waschen und fein würfeln. Beide Zutaten jeweils in die Mitte der Hackfleischschicht geben.

5. Die Wirsingblätter von der Längsseite her mithilfe des Küchentuches aufrollen und den Backofen auf 180° C, Gas Stufe 2–3, Umluft 160° C vorheizen.

6. Den Hackbraten im Bräter in dem erhitzten Öl anbraten, die Brühe angießen und das Ganze ca. 45 Minuten im Backofen garen. Nach Ablauf der Garzeit den Hackbraten herausnehmen und warm stellen.

7. Den Bratenfond mit der Sahne verfeinern, mit einem halben Teelöffel Paprikapulver und einer Prise Cayennepfeffer abschmecken und mit dem Soßenbinder binden.

8. Den Hackbraten mit der Soße auf Tellern anrichten und servieren.

Tipp: Reichen Sie dazu leckere Schwenkkartoffeln.

Zutaten:

für 4 Personen

1 altbackenes Brötchen
500 g gemischtes Hackfleisch
1 EL Senf
1 Ei
1 Zwiebel
¼ TL Fuchs Thymian, gerebelt
¼ TL Fuchs Oregano, gerebelt
¼ TL Salz
¼ TL Fuchs Pfeffer schwarz,
gemahlen

1 Wirsing
125 g Brie
½ rote Paprikaschote
3 EL Speiseöl
250 ml Brühe
200 ml süße Sahne
1 TL Soßenbinder für dunkle Soße
Fuchs Cayennepfeffer, gemahlen
Fuchs Paprika edelsüß, mild

Cevapcici mit bunter Reispfanne

Zutaten:

für 2 Personen

1 kleine Zwiebel
1 Knoblauchzehe
1 Eigelb
300 g gemischtes Hackfleisch
2 EL Paniermehl
Speiseöl zum Braten
1 Packung Uncle Ben's Express
Risi-Bisi (250 g)
150 g Naturjoghurt

1 EL Schnittlauchröllchen
Salz
Pfeffer
Chilipulver

Zum Garnieren:
ein paar eingelegte Peperoni
frische Blattpetersilie

Zubereitung:

1. Die Zwiebel und den Knoblauch schälen, die Zwiebel fein würfeln und den Knoblauch zerdrücken.

2. Die Zwiebelwürfel und den Knoblauch mit dem Eigelb, dem Hackfleisch und dem Paniermehl vermischen, mit Salz, Pfeffer und Chilipulver würzen und zu daumendicken Röllchen formen.

3. Etwas Speiseöl erhitzen und die Cevapcici darin von allen Seiten braun braten.

4. Die Reispfanne nach Packungsanweisung zubereiten.

5. Den Joghurt mit den Schnittlauchröllchen verrühren und mit den Gewürzen pikant abschmecken.

6. Die Cevapcici auf der Reispfanne anrichten und mit dem Joghurt-Schnittlauch-Dip, ein paar eingelegten Peperoni und etwas frischer Blattpetersilie garniert servieren.

Gefüllte Zucchini

Zubereitung:

1. Die Zucchini waschen und an den Enden abschneiden. Die Zucchini längs halbieren und die Kerne mit einem Teelöffel herausschaben.

2. Das Hackfleisch mit dem Senf, der Sojasoße, Salz und Pfeffer würzen. Eine feuerfeste Form mit Öl auspinseln. Die Zucchinihälften mit der Hackfleischmischung füllen und in die Form setzen.

3. Die Tomaten am Blütenansatz über Kreuz einschneiden und mit kochendem Wasser übergießen. Wenn die Haut anfängt sich zu rollen, schrecken Sie die Tomaten mit kaltem Wasser ab. So lassen sich die Tomaten sehr gut häuten.

4. Die gehäuteten Tomaten vierteln, die Kerne entfernen und das Fruchtfleisch in kleine Würfel schneiden.

5. Den Knoblauch schälen und mit der Knoblauchpresse über die Tomatenwürfel drücken. Das Ganze gut durchmischen und über den gefüllten Zuchini verteilen.

6. Die gefüllten Zucchini im Backofen 20 Minuten bei 220° C, Stufe 4–5, Umluft 200° C überbacken.

7. Den Mozzarella abtropfen lassen und in Scheiben schneiden und die Petersilie waschen, trocken schütteln, von den Stielen zupfen und klein schneiden.

8. Zuerst die saure Sahne mit der klein geschnittenen Petersilie und dann die Mozzarellascheiben über den gefüllten Zucchini verteilen. Das Ganze bei 250° C, Gas Stufe 6–7, Umluft 230° C gut fünf Minuten überbacken, bis der Käse schmilzt.

Tipp: Dazu schmecken Weißbrot oder Reis.

Zutaten:

für 6 Personen

6 Zucchini
400 g gemischtes Hackfleisch
1 EL mittelscharfer Senf
1 EL Sojasoße
etwas Öl für die Form
6 Tomaten

4 Knoblauchzehen
3 Kugeln Mozzarella
1 Bund Petersilie
¼ l saure Sahne
Salz
Pfeffer

Zucchini-Nudel-Auflauf

Zubereitung:

1. Die Nudeln nach Packungsanweisung zubereiten, abschütten und gut abtropfen lassen.

2. Den Backofen auf 250° C, Gas Stufe 6–7, Umluft 230° C vorheizen. Die Paprikaschoten waschen, vierteln, entkernen, kalt abbrausen und ca. zehn Minuten in den Backofen legen. Die Schoten herausnehmen, ein feuchtes Küchenhandtuch darüberlegen, sofort von den Paprikavierteln die Haut abziehen und die Schoten in Streifen schneiden.

3. Die Zwiebeln und den Knoblauch schälen und die Zwiebeln in feine Würfel schneiden. Die Zucchini putzen, waschen und in Scheiben hobeln.

4. In einer Pfanne das Öl erhitzen und das Hackfleisch mit den Zwiebelwürfeln darin anbraten. Die Knoblauchzehen dazupressen, das Tomatenmark einrühren und alles mit Salz und Pfeffer kräftig würzen.

5. Eine Auflaufform mit der Margarine einfetten und die Hälfte der Hackfleischsoße einfüllen. Zuerst eine Schicht der gekochten Nudeln darübergeben, dann eine Schicht mit Zucchinischeiben. Die Paprikastreifen darüber verteilen, dann die restlichen Nudeln und das Hackfleisch. Zum Schluss die restlichen Zucchinischeiben darauf verteilen und den geriebenen Käse darüberstreuen.

6. Den Auflauf im vorgeheizten Backofen bei 200° C, Gas Stufe 3–4, Umluft 180° C ca. 15 bis 20 Minuten backen. Den Schnittlauch waschen, trocken schütteln, schneiden, über den Auflauf streuen und den Auflauf auf Teller verteilt servieren.

Tipp: Dazu schmeckt ein frischer grüner Salat.

Zutaten:

für 6 Personen

500 g kurze Makkaroni
je 1 rote und gelbe Paprikaschote
2 Zwiebeln
2 Knoblauchzehen
3 mittelgroße Zucchini
2 EL Öl
1 kg gemischtes Hackfleisch

3 EL Tomatenmark
30 g Margarine
200 g geriebener Käse
1 Bund Schnittlauch
Salz
Pfeffer

Hackfleischbällchen mit Graupen

Zubereitung:

1. Die Graupen in reichlich Salzwasser ca. 45 Minuten kochen, abschütten und gut abtropfen lassen.

2. Die Zwiebel schälen und in kleine Würfel schneiden, die Petersilie waschen, trocken schütteln, die Blätter von den Stielen zupfen und hacken.

3. Aus dem Hackfleisch, den Graupen, den Zwiebelwürfeln, der gehackten Petersilie und dem Ei eine Fleischmasse herstellen und mit Salz und Pfeffer abschmecken.

4. Aus der Hackfleischmasse ca. 5 cm dicke Bällchen formen und diese in den Semmelbröseln wälzen.

5. Die Butter in einem Topf schmelzen, den geputzten Rosenkohl hineingeben, mit etwas Wasser aufgießen, ca. zehn Minuten dünsten und mit Salz sowie Pfeffer würzen.

6. Das Öl in einer Pfanne erhitzen, die Hackfleischbällchen hineingeben, platt drücken und von beiden Seiten ca. fünf Minuten braten.

7. Die fertigen Hackfleischbällchen mit dem Rosenkohl auf Tellern anrichten und servieren.

200 g Graupen
1 Zwiebel
½ Bund Petersilie
500 g gemischtes Hackfleisch
1 Ei
150 g Semmelbrösel

1 EL Butter
500 g Rosenkohl
2 EL Öl
Salz
Pfeffer

Hackfleischbällchen in Kräuter-Tomaten-Soße

Zubereitung:

1. Die Tomaten waschen und mit einem scharfen Messer am Blütenansatz über Kreuz einschneiden. Die Kräuter waschen, trocken schütteln und grob hacken.

2. Wasser zum Kochen bringen und die Tomaten einzeln kurz in das kochende Wasser tauchen. Wenn sich die Spitzen der Schnittstellen aufrichten, die Tomaten herausnehmen, häuten, den Strunk herausschneiden und das Fruchtfleisch grob zerkleinern.

3. Die Zwiebel schälen und in feine Würfel schneiden. Das Hackfleisch in eine Schüssel geben und die Eier, das Paniermehl und die Zwiebelwürfel hinzufügen.

4. Die Hackfleischmasse mit Salz und Pfeffer abschmecken und alles gut vermengen. Aus der Fleischmasse Kugeln mit ca. 4 cm Durchmesser formen.

5. Das Öl in einer Pfanne erhitzen, die Fleischkugeln hineinsetzen, etwas platt drücken und von jeder Seite ca. fünf bis sechs Minuten braten.

6. Das Tomatenmark in einen Topf geben, die Tomatenstücke dazugeben und aufkochen. Die Soße ca. acht Minuten köcheln lassen, dann die gehackten Kräuter hinzufügen und mit Salz sowie Pfeffer abschmecken.

7. Die Hackfleischbällchen mit der Kräuter-Tomaten-Soße auf Tellern anrichten, mit dem Reibekäse bestreuen und das Ganze mit dem aufgeschnittenen Baguettebrot servieren.

Zutaten:
für 4 Personen

10 Tomaten
1 Bund gemischte Kräuter
1 Zwiebel
600 g gemischtes Hackfleisch
2 Eier
4 gehäufte EL Paniermehl
2 EL Öl

3 EL Tomatenmark
125 g Reibekäse, z. B. Emmentaler
oder Mozzarella
1 Baguettebrot
Salz
Pfeffer

Feurige Enchiladas

Zutaten:

für 2 Personen

200 g gemischtes Hackfleisch
1 EL Speiseöl
1 Packung Uncle Ben's Express
Mexikanisch (250 g)
2 Tomaten

100 g Crème fraîche
100 g Mais aus der Dose
2 Weizentortillas
Salz
Cayennepfeffer

Zubereitung:

1. Das Hackfleisch in dem erhitzten Öl braten, die Express-Reismischung dazugeben und miterhitzen.

2. Die Tomaten waschen, den Stielansatz entfernen und das Fruchtfleisch in Würfel schneiden.

3. Die Crème fraîche mit Salz und Cayennepfeffer abschmecken.

4. Die Reis-Hackfleisch-Mischung, die Tomatenwürfel und den Mais auf den Tortillas verteilen, jeweils 50 g von dem Crème-fraîche-Dip daraufgeben, zusammenklappen oder aufrollen und servieren.

Tipp: Der Crème-fraîche-Dip bekommt eine besondere Note, wenn Sie eine reife Avocado mit etwas Zitronensaft pürieren und dazugeben.

Krautwickel

Zubereitung:

1. Von dem Krautkopf die äußeren, eventuell beschädigten Blätter entfernen. Einen Topf mit Salzwasser zum Kochen bringen und den ganzen Krautkopf in das kochende Wasser legen.

2. Den Krautkopf so lange kochen, bis man die Blätter leicht ablösen kann, eventuell nochmals in das kochende Wasser legen. Etwa 16 große Blätter auf ein Brett legen und die Rippen an den Blättern abflachen, damit sich die Blätter leichter rollen lassen und nicht brechen.

3. Die Zwiebel schälen, in feine Würfel schneiden und zusammen mit dem Hackfleisch, dem Ei, Salz, Pfeffer und Muskat mit einer Gabel gut vermischen.

4. Das Hackfleisch in gleichmäßige Bällchen aufteilen. Jeweils auf ein Weißkohlblatt ein Hackfleischbällchen legen und mit einem zweiten Blatt von der anderen Seite bedecken. Die Krautblätter mit dem Hackfleisch aufrollen und mit einem Zahnstocher feststecken.

5. Den Speck in kleine Würfel schneiden und in einer Pfanne mit heißem Öl ausbraten. Die Krautwickel darauflegen und von beiden Seiten anbraten.

6. Die saure Sahne und ¼ l Wasser dazugeben und bei geschlossenem Deckel je nach Größe der Krautwickel etwa zehn Minuten weich dünsten und die Krautwickel servieren.

Tipp: Dazu passt Kartoffelpüree. Aus dem Sud kann man außerdem noch eine Soße zubereiten.

Zutaten:

für 4 Personen

1 Kopf Weißkraut
1 Zwiebel
250 g gemischtes Hackfleisch
1 Ei
50 g durchwachsener Speck
Öl zum Braten

125 g saure Sahne
Salz
Pfeffer
Muskatnuss
Zahnstocher

Bäuerliches Nudel-Hackfleisch-Gratin

Zubereitung:

1. Die Zwiebeln und den Knoblauch schälen und fein würfeln. Das Öl in einer Pfanne erhitzen und die Zwiebelsowie die Knoblauchwürfel darin andünsten.

2. Den Backofen auf 200° C, Gas Stufe 3–4, Umluft 180° C vorheizen und die Nudeln nach Packungsanweisung zubereiten.

3. Das Hackfleisch in die Pfanne zu den Zwiebeln und dem Knoblauch geben, scharf und krümelig anbraten und mit Salz, Pfeffer und Muskat kräftig abschmecken.

4. Das Tomatenmark zum Hackfleisch in die Pfanne geben und etwas mitanrösten lassen, dann das Ganze mit dem Rotwein ablöschen.

5. Das Lorbeerblatt, die Rosmarinnadeln und den Thymian dazugeben und alles ca. zehn Minuten köcheln lassen, dann das Lorbeerblatt entfernen.

6. Die Nudeln durch ein Sieb abgießen und gut abtropfen lassen. Danach den Käse grob reiben.

7. Eine Auflaufform gut mit Butter einfetten und die Nudeln hineingeben. Die Hackfleischsoße darüber verteilen, mit dem geriebenen Käse bestreuen.

8. Das Gratin im Backofen so lange überbacken, bis der Käse geschmolzen ist und eine schöne goldene Farbe hat. Anschließend auf Tellern anrichten und servieren.

Zutaten:

für 4 Personen

2 Zwiebeln
1 Knoblauchzehe
2 EL Pflanzenöl
250 g breite Bandnudeln (19 mm)
400 g gemischtes Hackfleisch
1 Dose Tomatenmark
125 ml trockener Rotwein
1 Lorbeerblatt

1 EL Rosmarinnadeln
2 TL Thymian
100 g Emmentaler
Butter für die Form
Salz
Pfeffer
Muskatnuss

Hackbraten vom Blech

Zubereitung:

1. Die Zwiebeln und die Knoblauchzehe schälen und fein hacken und die Brötchen in Wasser einweichen und gut ausdrücken.

2. Das Schweinemett, das Hackfleisch, die Petersilie, die Zwiebeln und die Brötchen zusammen mit der Knoblauchzehe, den Eiern, dem Salz und Pfeffer zu einem Teig verkneten und den Fleischteig pikant abschmecken.

3. Den Fleischteig auf ein mit Butter ausgestrichenes Backblech geben, die gewünschten Portionen mit einem Messer einkerben und mit zerlassener Butter bestreichen.

4. Den Hackbraten im vorgeheizten Backofen bei 220° C, Gas Stufe 4–5, Umluft 200° C auf der unteren Schiene 20 Minuten backen und anschließend fünf Minuten übergrillen.

5. Inzwischen die Paprikaschoten halbieren, entkernen, waschen und in Streifen schneiden und die Petersilie waschen, trocken schütteln und von den Stielen zupfen.

6. Nach Ablauf der Garzeit den Hackbraten abkühlen lassen und mit den Paprikastreifen und den Petersiliesträußchen garniert servieren.

Zutaten:

Für den Hackbraten:
200 g Zwiebeln
1 große Knoblauchzehe
2 altbackene Brötchen
300 g Schweinemett
1 kg Schweinehackfleisch
1 kg Rinderhackfleisch
1 Päckchen TK-Petersilie
3 Eier

10 g Salz
frisch gemahlener, schwarzer Pfeffer
2 EL Butter zum Einfetten und
Bestreichen

Zum Garnieren:
je 1 rote und grüne Paprikaschote
frische Petersilie

Falscher Hase „in Mexiko"

Zubereitung:

1. Drei Eier ca. zehn Minuten hart kochen, mit kaltem Wasser abschrecken und schälen und die Brötchen in reichlich Wasser einweichen.

2. Die Paprikaschoten halbieren, entkernen, waschen und in Würfel schneiden. Die Zwiebeln schälen und in feine Würfel schneiden. Den Backofen auf 180° C, Gas Stufe 2–3, Umluft 160° C vorheizen.

3. Das Hackfleisch in eine größere Schüssel geben, die eingeweichten Brötchen fest ausdrücken und zum Hackfleisch geben. Dann die Brötchen, das Hackfleisch, die restlichen zwei Eier, jeweils die Hälfte der Zwiebel- und Paprikawürfel, Salz, Pfeffer und Muskat miteinander verkneten.

4. Ein Backblech einfetten und die Hackfleischmasse zu einer ovalen Form flach auf das Blech drücken. Die drei hart gekochten, geschälten und abgekühlten Eier in die Mitte des Hackfleischteiges legen, den Teig zusammenklappen und das Ganze mit feuchten Händen zu einem ovalen Braten formen.

5. Das Backblech auf der mittleren Schiene in den Backofen schieben und ca. 60 bis 65 Minuten backen.

6. In der Zwischenzeit das Butterschmalz in einer Pfanne schmelzen und die restlichen Zwiebel- und Paprikawürfel ca. fünf Minuten in der Pfanne dünsten.

7. Den Mais und die Kidneybohnen durch ein Sieb abschütten, mit kaltem Wasser abbrausen und gut abtropfen lassen. Den Mais und die Bohnen zu den Paprika- und Zwiebelwürfeln in die Pfanne geben, ca. fünf Minuten mitandünsten und das Ganze mit Salz und Pfeffer würzen.

8. Den fertigen Hackbraten aufschneiden, auf einer vorgewärmten Platte anrichten und das Gemüse rundum beifüllen.

Tipp: Dazu schmeckt frisches französisches Weißbrot sehr gut.

Zutaten:

für 6 Personen

Für den Falschen Hasen:
5 Eier
2 altbackene Brötchen
je 1 grüne und rote Paprikaschote
2 Zwiebeln
1 kg gemischtes Hackfleisch
Fett für das Backblech
Salz, Pfeffer
Muskatnuss

Für die Beilage:
2 EL Butterschmalz
1 kleine Dose Gemüsemais,
ca. 300 g netto
1 kleine Dose dunkelrote Kidneybohnen, ca. 250 g netto
Salz
Pfeffer

Hackfleisch-Taschen „Saloniki"

Zutaten:

für 10 Stück

1 Packung TK-Blätterteigquadrate
(450 g = 10 Scheiben)
1 Ei
300 g gemischtes Hackfleisch

1 Flasche Kühne Tzatziki-Soße
(250 g)
1 rote Paprikaschote
10 grüne Oliven ohne Kern
100 g Ziegenkäse am Stück

Zubereitung:

1. Den Blätterteig nach Packungsanweisung auftauen lassen.

2. Den Backofen auf 200° C, Gas Stufe 3–4, Umluft 180° C vorheizen.

3. Das Ei trennen, das Eigelb verquirlen und beiseitestellen und die Blätterteigränder mit dem Eiweiß bestreichen.

4. Das Hackfleisch mit fünf Esslöffeln von der Tzatziki-Soße vermischen.

5. Die Paprikaschote halbieren, entkernen, waschen, mit den Oliven sowie dem Ziegenkäse fein würfeln und mit der Hackfleischmasse vermischen.

6. Die Hackfleischmasse auf den Blätterteigquadraten verteilen, die Quadrate zu Dreiecken zusammenfalten und auf ein mit Backpapier ausgelegtes Backblech geben.

7. Die Hackfleisch-Taschen mit dem verquirlten Eigelb bestreichen und ca. 20 bis 30 Minuten im Backofen goldbraun backen.

8. Die Taschen mit der restlichen Tzatziki-Soße servieren.

Tipp: Reichen Sie dazu einen griechichen Bauernsalat.

Moussaka

Zubereitung:

1. Die Zwiebel und die Knoblauchzehen schälen und hacken und den Oregano waschen, trocken schütteln und hacken.

2. Das Öl in einem Topf erhitzen, die Zwiebel sowie den Knoblauch darin anbräunen und das Hackfleisch dazugeben und krümelig braten.

3. Das Ganze mit den pürierten Tomaten aufgießen, den Oregano hinzugeben und mit Salz und Pfeffer würzen.

4. Die Butter in einem kleinen Topf schmelzen, das Mehl einrühren und mit der Milch aufgießen, einmal aufkochen und den Topf vom Herd nehmen. Dann die Eier aufschlagen und mit dem geriebenen Käse unter die Milch ziehen.

5. Die Auberginen putzen, waschen und in längliche Scheiben schneiden. Den Backofen auf 180° C, Gas Stufe 2–3, Umluft 160° C vorheizen.

6. Eine Auflaufform ausbuttern, die Auberginenscheiben hineinlegen, einen Teil der Hackfleischsoße darübergeben, dann wieder eine Schicht Gemüsescheiben hineinlegen usw., bis die gesamte Hackfleischsoße und alle Gemüsescheiben aufgebraucht sind.

7. Die Milchmischung über den Moussaka gießen und im Backofen ca. 30 Minuten backen. Nach Ablauf der Backzeit den Moussaka auf Tellern verteilen und servieren.

1 Zwiebel
3 Knoblauchzehen
1 Bund Oregano
1 EL Olivenöl
500 g gemischtes Hackfleisch
500 g pürierte Tomaten
2 EL Butter
3 EL Mehl

250 ml Milch
3 Eier
100 g geriebener Käse
500 g Auberginen
Butter für die Auflaufform
Salz
Pfeffer

Cevapcici

Zubereitung:

1. Die Zwiebeln und die Knoblauchzehen schälen und beide Zutaten fein hacken. Den Thymian waschen, trocken schütteln und hacken.

2. Das Hackfleisch in eine Schüssel geben und mit den Zwiebeln, dem Knoblauch und den Semmelbröseln vermischen.

3. Das Ei aufschlagen, mit dem gehackten Thymian und dem Paprikapulver zu dem Hackfleisch geben, unterrühren und mit Salz und Pfeffer abschmecken.

4. Aus der Hackfleischmasse fingerdicke, ca. 5 cm lange Röllchen formen.

5. Das Öl in der Pfanne erhitzen und die Röllchen darin braten und mit frischer Petersilie garniert servieren.

Tipp: Cevapcici schmecken zu Reis, gemischten Salaten und zu verschiedenen Soßen!

Zutaten:

für 4 Personen

2 Zwiebeln
4 Knoblauchzehen
1 Bund Thymian
500 g gemischtes Hackfleisch
3 EL Semmelbrösel
1 Ei

1 EL scharfes Paprikapulver
3 EL Öl
Salz
Pfeffer
frische Petersilie zum
Garnieren

Gefüllter Hackbraten

Zubereitung:

1. Die Brötchen in lauwarmem Wasser einweichen. Die Zwiebeln und die Knoblauchzehen schälen und fein hacken. Die Petersilie waschen, trocken schütteln, die Blätter von den Stielen zupfen und hacken.

2. Das Hackfleisch mit den ausgedrückten Brötchen, den Zwiebeln, dem Knoblauch, der Petersilie und dem Ei vermischen und mit Salz sowie Pfeffer abschmecken.

3. Aus der Hackfleischmasse einen Laib formen, in den in der Mitte die Paprikawurst als Ganzes eingearbeitet ist.

4. Das Butterschmalz in einem Topf erhitzen, den Fleischlaib darin anbraten, mit der Fleischbrühe aufgießen, im Backofen bei 180° C, Gas Stufe 2–3, Umluft 160° C ca. 90 Minuten garen und immer wieder mit Flüssigkeit begießen.

5. Für den Salat die Karotten und die Zwiebel schälen, die Karotten fein raspeln und die Zwiebel hacken.

6. Aus dem Sauerkraut, den Karottenraspel, der Zwiebel, dem Essig und dem Öl einen Salat herstellen und mit Salz und Pfeffer abschmecken.

7. Den fertigen Hackbraten in Scheiben schneiden und auf dem Sauerkrautsalat mit frischen Kräutern garniert servieren.

Zutaten:
für 6 Personen

Für den Hackbraten:
2 altbackene Brötchen
2 Zwiebeln
3 Knoblauchzehen
1 Bund Petersilie
1 kg gemischtes Hackfleisch
1 Ei
1 Paprikawurst
2 EL Butterschmalz
250 ml Fleischbrühe
Salz
Pfeffer

Für den Salat:
2 Karotten
1 Zwiebel
500 g Sauerkraut
2 EL Weißweinessig
3 EL Salatöl
Salz
Pfeffer

Zum Garnieren:
frische Kräuter

Kalbsnockensuppe

Zubereitung:

1. Die Petersilie sowie den Schnittlauch waschen und trocken schütteln. Die Petersilie fein hacken und den Schnittlauch in Röllchen schneiden.

2. Das Kalbshackfleisch mit dem Bratwurstbrät, dem Ei, der Sahne und dem Paniermehl vermischen. Die gehackte Petersilie dazugeben, gut unterkneten und die Hackfleischmasse mit Salz, Pfeffer und Muskat pikant abschmecken.

3. Die Rinderbrühe in einen Topf geben und zum Kochen bringen. Zwischenzeitlich die Karotte putzen, schälen, in dünne Stifte schneiden, in die Brühe geben und das Ganze ca. acht bis zehn Minuten köcheln lassen, dann die Hitze herunterschalten.

4. Etwas von der Hackfleischmasse auf eine Handfläche geben und mit einem Teelöffel Nocken in die heiße Suppe streifen. Auf diese Weise den gesamten Fleischteig zu Nocken verarbeiten.

5. Die Nudeln zur Suppe hinzufügen und das Ganze ca. acht bis zehn Minuten bei schwacher Hitze gar ziehen lassen. Achtung: Die Suppe darf jetzt nicht mehr kochen!

6. Die Suppe mit den Nocken auf tiefe Teller verteilen und mit den Schnittlauchröllchen bestreut servieren.

Zutaten:

für 4 Personen

3 Zweige Petersilie
½ Bund Schnittlauch
100 g Kalbshackfleisch
100 g grobes Bratwurstbrät
1 Ei
1 EL süße Sahne
1–2 EL Paniermehl

2 l Rinderbrühe
1 Karotte
150 g Gabelnudeln
Salz
Pfeffer
Muskatnuss

Kalbshackbraten

Zubereitung:

1. Die beiden Brötchen in reichlich Wasser einweichen. Die Zwiebeln schälen und in feine Würfel schneiden. Die Petersilie waschen, trocken schütteln, die Blätter von den Stielen zupfen und grob hacken.

2. Die Paprikaschoten halbieren, entkernen, waschen und in grobe Würfel schneiden. Die Zucchini waschen, eventuell schadhafte Stellen entfernen, die Enden abscheiden und die Zucchini der Länge nach in dünne Scheiben schneiden. Das geht am besten mit der Brotmaschine.

3. Den Backofen auf 200°C, Gas Stufe 3–4, Umluft 180° C vorheizen. Das Hackfleisch in eine größere Schüssel geben, die eingeweichten Brötchen fest ausdrücken und zu dem Hackfleisch geben.

4. Die Eier, den Senf, Salz, Pfeffer und Muskat zu dem Hackfleisch geben und die Masse gut durchmischen. Die gehackte Petersilie, die Zwiebel- und die Paprikawürfel ebenfalls hinzufügen und nochmals alles durchmischen.

5. Entweder eine größere Auflaufform oder ein Backblech einfetten. Ein Drittel des Hackfleisches auf das Backblech geben, etwas platt drücken und die Hälfte der Zucchinischeiben über das Hackfleisch legen.

6. Das zweite Drittel des Hackfleisches auf den Zucchinischeiben verteilen und dann den Rest der Zucchinischeiben darauflegen. Zuletzt das restliche Hackfleisch auf die Zucchinischeiben geben und das Ganze mit angefeuchteten Händen zu einem Laib zurechtdrücken.

7. Die Kartoffeln waschen, schälen, roh mit einer groben Reibe raspeln, mit Salz und Pfeffer würzen und auf dem Hackbraten verteilen.

8. Den Hackbraten auf die mittlere Schiene des Backofens schieben und ca. 45 bis 50 Minuten backen. Sollte er oben zu braun werden, kann man eine Alufolie auf den Braten legen.

9. In der Zwischenzeit die Karotten putzen, schälen und in Streifen schneiden. Die Karottenstreifen ca. fünf Minuten in kochendem Salzwasser blanchieren, durch ein Sieb abschütten und gut abtropfen lassen.

10. Die Steinchampignons abbürsten, schadhafte Stellen abscheiden und wenn notwendig mit kaltem Wasser abbrausen. Dann die Champignons auf ein Blatt Küchenkrepp legen und trocken tupfen.

11. In einer Pfanne die Margarine erwärmen, die Steinchampignons vierteln, in die Pfanne geben und ca. zehn Minuten bei mittlerer Hitze dünsten. Anschließend mit Salz und Pfeffer würzen und gut durchmengen.

12. Kurz vor dem Servieren die Karottenstreifen zu den Champignons in die Pfanne geben und durchmengen. Den fertigen Hackbraten mit der vom Beet geschnittenen frischen Kresse bestreuen und mit dem Gemüse sofort servieren.

Zutaten:

für 6 Personen

Für den Hackbraten:
2 Brötchen vom Vortag
2 Zwiebeln
1 Bund Petersilie
je 1 grüne und rote Paprikaschote
2 kleine Zucchini
1 kg Kalbshackfleisch
2 Eier
2 EL Senf
Fett für die Form/das Blech
600 g festkochende Kartoffeln
Salz
Pfeffer
Muskatnuss

Für die Beilage:
1 Bund Karotten
350 g Steinchampignons
Margarine zum Dünsten
Salz
Pfeffer

Zum Garnieren:
1 Schale Kresse

Kartoffel-Lasagne
mit Lammhack

Zubereitung:

1. Die Zwiebeln schälen und in feine Würfel schneiden und die Paprikaschoten halbieren, entkernen, waschen und ebenfalls in Würfel schneiden.

2. Die Champignons abbürsten, schadhafte Stellen abschneiden und wenn notwendig mit kaltem Wasser abbrausen. Dann die Champignons auf ein Blatt Küchenkrepp legen, trocken tupfen und in Scheiben schneiden.

3. Den Backofen auf 200° C, Gas Stufe 3–4, Umluft 180° C vorheizen.

4. Das Olivenöl in einer Pfanne erhitzen und das Hackfleisch darin krümelig anbraten. Die Zwiebel- und Paprikawürfel dazugeben und etwa fünf Minuten weiterdünsten.

5. Das Tomatenmark, die Sahne und den Senf unterrühren und mit Salz, Pfeffer und Muskat abschmecken. Die Champignonscheiben unterheben und das Ganze noch ca. fünf Minuten köcheln lassen.

6. Die Kartoffeln waschen, schälen und die rohen Kartoffeln mit einem Gemüsehobel in dünne Scheiben hobeln. Die Kartoffelscheiben anschließend sofort wieder in kaltes Wasser legen, damit sie nicht braun werden.

7. Eine Auflaufform mit der Margarine einfetten und die Kartoffelscheiben durch ein Sieb abschütten und gut abtropfen lassen. Die Hackfleischmasse jeweils abwechselnd mit einer Schicht der Kartoffelscheiben in die Auflaufform schichten.

8. Die Eier und den Joghurt mit einem Schneebesen verrühren und mit Salz und Pfeffer abschmecken. Die Mischung über das Gratin gießen und zum Schluss den Gratinkäse darüberstreuen.

9. Die Lasagne im Backofen auf der unteren Schiene ca. 50 bis 60 Minuten backen lassen. Den Schnittlauch waschen, trocken schütteln, in kleine Röllchen schneiden und kurz vor dem Servieren über die fertige Lasagne streuen.

Zutaten:

für 6 Personen

2 Zwiebeln
je 1 grüne und rote Paprikaschote
350 g Champignons
Olivenöl zum Braten
1 kg Lammhackfleisch
3 EL Tomatenmark
5 EL süße Sahne
3 EL Senf
500 g vorwiegend festkochende
Kartoffeln

1 EL Margarine
2 Eier
350 g Naturjoghurt (3,5 % Fett)
100 g Gratinkäse
½ Bund Schnittlauch
Salz
Pfeffer
Muskatnuss

Reispfanne mit Lammhack

Zutaten:
für 4 Personen

Für das Hackfleisch:
500 g Lammhackfleisch
2 EL Öl
1 Dose geschälte Tomaten (850 ml)
1 TL Cajun-Gewürzmischung oder
etwas Cayennepfeffer
1 Dose Okraschoten (400 ml)
Saft von 2 Zitronen
1 unbehandelte Limette

2 EL Pinienkerne
Salz
schwarzer Pfeffer

Für den Knoblauchreis:
1 Knoblauchzehe
225 g USA Langkorn-Reis Parboiled
450 ml Fleischbrühe

Zubereitung:

1. Das Hackfleisch in einem Esslöffel von dem heißen Öl braun anbraten.

2. Die Tomaten, die Cajun-Gewürzmischung, Salz und Pfeffer hinzufügen und die Tomaten etwas zerdrücken.

3. Die Okraschoten abspülen, in mundgerechte Stücke schneiden und zusammen mit dem Zitronensaft zum Hackfleisch geben. Das Ganze zugedeckt ca. 15 Minuten garen lassen und abschmecken.

4. Für den Knoblauchreis den Knoblauch schälen, hacken und in dem restlichen heißen Öl andünsten. Den Reis hinzufügen und goldgelb rösten.

5. Die Fleischbrühe erhitzen, angießen, alles aufkochen und zugedeckt bei schwacher Hitze 15 bis 20 Minuten garen, bis der Reis die Flüssigkeit aufgenommen hat.

6. Die Limette waschen, abtrocknen, vierteln, mit den Pinienkernen zum Hackfleisch geben und kurz mitschmoren.

7. Das Hackfleisch auf dem Reis anrichten und servieren.

Hackbällchen mit
überbackenem Gemüse

Zubereitung:

1. Die Zwiebeln und den Knoblauch schälen und fein hacken. Die Kräuter waschen, trocken schütteln, die Blätter von den Stielen zupfen und den Großteil fein schneiden.

2. Das Weißbrot in warmem Wasser einweichen und ausdrücken. Den Staudensellerie putzen, waschen und in 5 cm lange Stücke schneiden.

3. Die Paprikaschoten halbieren, entkernen, waschen und in mundgerechte Stücke schneiden.

4. Die Sellerie- und Paprikastücke in eine Auflaufform schichten, mit Salz und Pfeffer würzen, mit dem geriebenen Käse bestreuen und im Ofen bei 180° C, Gas Stufe 2–3, Umluft 160° C ca. zehn Minuten backen.

5. Das Hackfleisch in eine Schüssel geben, mit dem ausgedrückten Weißbrot, den Zwiebeln, den geschnittenen Kräutern und dem Knoblauch vermischen und mit Salz sowie Pfeffer würzen.

6. Aus der Hackfleischmasse Bällchen formen und in dem heißen Öl von allen Seiten ca. sieben Minuten braten.

7. Das Gemüse mit den Fleischbällchen auf Tellern anrichten und mit den restlichen Kräutern garniert servieren.

Zutaten:

für 4 Personen

2 Zwiebeln
1 Knoblauchzehe
½ Bund gemischte Kräuter
4 Scheiben Weißbrot vom Vortag
1 Bund Staudensellerie
je 1 rote, gelbe und grüne
Paprikaschote

100 g geriebener Emmentaler
400 g mageres Rinderhackfleisch
2 EL Öl
Salz
Pfeffer

Hacksteaks „New Orleans"

Zutaten:
für 4 Personen

500 g Rinderhackfleisch
3 EL Kühne Hot-Chili-Soße
½ TL Salz
50 g Paniermehl
1 kleine Zwiebel
1 Ei
2 EL Speiseöl
4 große, gegarte Ofenkartoffeln

Für den Dip:
5 EL Kühne Hot-Chili-Soße
100 g Natur-Magerquark
100 g Joghurt-Salatcreme
1 EL gehackte, glatte Petersilie

Zubereitung:

1. Das Hackfleisch mit der Hot-Chili-Soße, dem Salz und dem Paniermehl vermischen.

2. Die Zwiebel schälen, in kleine Würfel schneiden, mit dem Ei unter die Hackfleischmasse mischen und das Ganze zu Hacksteaks formen.

3. Die Steaks mit dem Öl bestreichen und auf dem Grill zubereiten.

4. Die Ofenkartoffeln in Alufolie wickeln und in der Glut des Grills erhitzen.

5. Für den Dip alle Zutaten miteinander verrühren und zu den Ofenkartoffeln und den Hacksteaks servieren.

Tipp: Dazu schmeckt ein frischer Salat. Nach Wunsch kann noch eine kleine, gehackte Chilischote mit unter die Hackfleischmasse gemischt werden.

Nudeln mit Hackfleisch und Joghurt

Zubereitung:

1. Die Nudeln nach Packungsanweisung zubereiten.

2. In der Zwischenzeit die Zwiebeln und die Knoblauchzehen schälen und beide Zutaten in feine Würfel schneiden.

3. Den Joghurt in eine Schüssel geben, mit den Knoblauchwürfeln mischen und mit Salz und wenig Pfeffer abschmecken.

4. Das Schmalz in einer Pfanne erhitzen und die Zwiebelwürfel kurz anschwitzen. Das Hackfleisch hinzufügen und scharf krümelig anbraten, sodass es schön braun wird. Dann das Ganze mit Salz und Pfeffer abschmecken.

5. Die Butter in einem kleinen Topf zergehen lassen und mit dem Paprikapulver und etwas Muskatnuss würzen.

6. Die Nudeln abschütten, gut abtropfen lassen und auf vorgewärmte Teller verteilen.

7. Das Hackfleisch über den Nudeln verteilen, jeweils einen Klecks Knoblauch-Joghurt daraufsetzen, mit der flüssigen, gewürzten Butter beträufeln und das Ganze mit etwas frischer Petersilie garniert und Paprikapulver bestreut servieren.

Tipp: Für alle Knoblauchliebhaber: Vier Knoblauchzehen in hauchdünne Scheiben schneiden und auf den fertig angerichteten Tellern verteilen.

Zutaten:

für 4 Personen

500 g gedrehte Bandnudeln
2 Zwiebeln
2–3 Knoblauchzehen
250 g Naturjoghurt
30 g Schmalz
250 g Rinderhackfleisch

30 g Butter
1 TL Paprikapulver
Salz
Pfeffer
Muskatnuss
frische Petersilie zum Garnieren

Hacksteaks mit gegrillten Zwiebeln

Zutaten:
für 4 Personen

2 Zwiebeln	8 mittlere Kartoffeln
50 g Meggle Knoblauch-Butter	2 Meggle Butter-Baguettes gefüllt
500 g Rinderhackfleisch	mit Knoblauch-Butter
4 EL Paniermehl	100 g gemischter Salat
2 EL Senf	4 EL Balsamicoessig
5 EL Ketchup	8 EL Sonnenblumenöl
1 TL Chilipulver	Salz
2 rote Zwiebeln	Pfeffer aus der Mühle

Zubereitung:

1. Die Zwiebeln schälen, fein hacken, in der Knoblauchbutter andünsten und zusammen mit dem Hackfleisch in eine Schüssel geben.

2. Das Paniermehl, den Senf und das Ketchup hinzufügen, alles gut vermengen und mit dem Chilipulver, Salz und Pfeffer pikant würzen.

3. Aus der Hackfleischmasse Hacksteaks formen und für eine Stunde in den Kühlschrank stellen.

4. Inzwischen die roten Zwiebeln schälen und in Ringe schneiden. Die Kartoffeln waschen, in reichlich Salzwasser aufsetzen und zum Kochen bringen. Bei geschlossenem Deckel ca. 20 Minuten köcheln lassen, abgießen, schälen und vierteln.

5. Die Butter-Baguettes zusammen mit den Hacksteaks, den roten Zwiebelringen und den Kartoffeln auf dem Grill garen. Anschließend die Baguettes in Scheiben schneiden.

6. Den Salat putzen, waschen, in mundgerechte Stücke zupfen, gut abtropfen lassen und auf Salattellern anrichten.

7. Den Essig und das Öl miteinander verrühren, mit Salz und Pfeffer würzen und über den Salat träufeln.

8. Die Hacksteaks mit den gegrillten Zwiebelringen, den Kartoffeln sowie den Baguette-Scheiben anrichten und servieren.

Orientalische Hackbällchen

Zubereitung:

1. Die Zwiebeln und die Knoblauchzehen schälen und fein hacken. Die Chilischote waschen, halbieren, die Kerne entfernen und das Fruchtfleisch in feine Streifen schneiden.

2. Den Ingwer schälen und fein hacken. Das Toastbrot ohne Rinde in lauwarmem Wasser ca. fünf Minuten einweichen. Die Petersilie waschen, trocken schütteln, die Blätter von den Stielen zupfen und fein hacken.

3. Das Hackfleisch in eine Schüssel geben. Das Toastbrot ausdrücken, zu der Hackfleischmasse geben und mit den Zwiebeln, dem Senf sowie den Eiern vermischen.

4. Die Hackfleischmasse auf drei Schüsseln aufteilen und jede Schüssel anders würzen. Die erste Hackfleischmasse mit Chili, Knoblauch, Schwarzkümmel, Salz und Pfeffer würzen. Zur zweiten Hackfleischmasse den Zimt, den Sesam, Salz und Pfeffer geben. Die dritte Hackfleischmasse mit der Petersilie, dem Ingwer, Salz und Pfeffer abschmecken.

5. Das Öl in einer Pfanne erhitzen, aus den drei Hackfleischmischungen Bällchen oder Röllchen formen und von beiden Seiten ca. zehn Minuten bei mäßiger Hitze braten.

Zutaten:

für 4 Personen

2 Zwiebeln
2 Knoblauchzehen
1 rote Chilischote
50 g Ingwer
8 Scheiben Toastbrot
½ Bund Petersilie
1 kg Rinderhackfleisch
1 EL Senf

2 Eier
1 EL Schwarzkümmel
1 TL Zimt
1 EL Sesam
3 EL Öl
Salz
Pfeffer

Spaghetti Bolognese

ZutAteN:

für 4 Personen

2 Zwiebeln
3 Knoblauchzehen
800 g Tomaten
1 Bund Schnittlauch
1 Bund Petersilie
Olivenöl zum Braten
750 g Rinderhackfleisch
1 EL Bratensaft

Salz
Pfeffer
Muskatnuss

Zum Garnieren:
frisches Basilikum
4 Kirschtomaten

ZubereituNg:

1. Die Zwiebeln und die Knoblauchzehen schälen und die Zwiebeln in feine Würfel schneiden.

2. Bei den Tomaten den Strunk herausschneiden. Die gegenüberliegende Seite mit einem spitzen Messer über Kreuz einritzen. Die Tomaten in eine Schüssel geben und mit kochendem Wasser übergießen. Etwa fünf Minuten ziehen lassen, bis sich die Haut an den eingeritzten Stellen rollt. Dann das heiße Wasser abgießen und die Tomaten mit kaltem Wasser abschrecken. Die Haut lässt sich sehr einfach abziehen.

3. Den Schnittlauch waschen, trocken schütteln und in kleine Röllchen schneiden. Die Petersilie waschen, trocken schütteln, die Blätter von den Stielen zupfen und grob hacken.

4. Das Olivenöl in einer Pfanne erhitzen und das Hackfleisch mit der gewürfelten Zwiebel darin krümelig anbraten.

5. Kurz bevor das Hackfleisch fertig ist die Knoblauchzehen über das Hackfleisch pressen und das Ganze mit Salz, Pfeffer und Muskatnuss abschmecken.

6. Die gehäuteten Tomaten klein hacken, zu dem Hackfleisch geben, aufkochen lassen und den Bratensaft darübergeben.

7. Die Schnittlauchröllchen und die gehackte Petersilie ebenfalls zu dem Hackfleisch geben, die Bologneseoße gut durchrühren, zu Spaghetti servieren und mit frischem Basilikum und jeweils einer Kirschtomate pro Teller garnieren.

Tipp: Sie können das Gericht verfeinern, indem Sie in Scheiben geschnittene Oliven über die Spaghetti streuen.

Hackfleisch-Crostinis

Zubereitung:

1. Das Weißbrot in ca. 2 bis 3 cm dicke Scheiben schneiden und die Scheiben mit Olivenöl beträufeln.

2. Den Backofen auf 180° C, Gas Stufe 2–3, Umluft 160° C vorheizen und die Weißbrotscheiben leicht anrösten.

3. Die Bolognesesoße erhitzen und mit einem Esslöffel auf die gerösteten Weißbrotscheiben verteilen.

4. Die Scheiben mit Gratinkäse bestreuen und im Backofen überbacken.

5. In der Zwischenzeit die Petersilie waschen, trocken schütteln, die Blättchen von den Stielen zupfen und klein schneiden und die Cocktailtomaten waschen und vierteln.

6. Die frisch überbackenen Hackfleisch-Crostinis auf eine vorgewärmte Platte setzen, mit der Petersilie bestreuen und mit den Tomatenvierteln garnieren.

Tipp: Die Hackfleisch-Crostinis eignen sich z. B. bestens als Vorspeise oder als kleine Snacks für eine Feier.

Zutaten:

französisches Weißbrot, Ciabatta,
Baguette oder Ähnliches
Olivenöl
Bolognesesoße, die vom Vortag
übrig geblieben ist
Gratinkäse

Zum Garnieren:
1 Bund Petersilie
Cocktailtomaten

Gefüllte Teigtaschen

Zubereitung:

1. Das Mehl sieben, daraus zusammen mit den Eiern, drei Esslöffeln Wasser und Salz einen Nudelteig herstellen und den Teig eine Stunde ruhen lassen.

2. Die Zwiebel und die Knoblauchzehen schälen und fein hacken. Den Spinat verlesen, waschen, im heißen Wasser blanchieren und fein schneiden.

3. Das Hackfleisch mit der Zwiebel, dem Knoblauch, dem Spinat und dem Ricottakäse vermischen und mit Salz, Pfeffer und Muskat würzen.

4. Den Nudelteig auf einer bemehlten Arbeitsfläche quadratisch dünn ausrollen und mit einem Messer Rechtecke von ca. 4 cm ausschneiden.

5. Auf die Hälfte der Rechtecke die Hackfleischfüllung geben, die Teigränder mit dem Eiweiß bestreichen und zusammendrücken.

6. Die Teigtaschen in reichlich Salzwasser ca. 10 Minuten köcheln und servieren.

Zutaten:

für 4 Personen

250 g Mehl
2 Eier
1 Zwiebel
2 Knoblauchzehen
100 g frischer Spinat
200 g Schweinehackfleisch

200 g Ricottakäse
Mehl für die Arbeitsfläche
1 Eiweiß
Salz
Pfeffer
Muskatnuss

Internationale Frikadellen-Parade

Zutaten:

für 4 Personen

500 g Schweinehackfleisch
1 Ei
2 EL Paniermehl
Salz
Pfeffer
Speiseöl zum Grillen

Für die spanischen Frikadellen:
1 kleine grüne Paprikaschote
Fuchs Gulasch-Würzer

Für die italienischen Frikadellen:
Fuchs Basilikum
Fuchs Knoblauch-Würzpaste
1 EL Tomatenmark

Für die deutschen Frikadellen:
1 EL Düsseldorfer Senf
2 TL Fuchs Kapern

Für die griechischen Frikadellen:
Fuchs Griechenland-Würzmischung
4 Oliven

Zubereitung:

1. Das Hackfleisch mit dem Ei, dem Panier-mehl, Salz und Pfeffer vermengen und die Masse in vier Portionen teilen.

2. Für die spanischen Frikadellen die Paprika-schote halbieren, entkernen, waschen und fein würfeln. Anschließend die erste Porti-on Hackfleisch mit den Paprikawürfeln und dem Gulasch-Würzer mischen.

3. Für die italienischen Frikadellen die zweite Portion Hackfleisch mit Basilikum, Knob-lauch-Würzpaste und dem Tomatenmark mischen.

4. Für die deutschen Frikadellen die dritte Portion Hackfleisch mit dem Senf und den Kapern vermengen.

5. Alle drei Hackfleisch-Portionen jeweils zu Frikadellen mit einem Durchmesser von ca. 5 cm formen.

6. Für die griechischen Frikadellen die vierte Portion Hackfleisch mit der Griechenland-Würzmischung mischen, das Ganze zu vier Bällchen formen und jeweils eine Olive in die Mitte drücken.

7. Die Frikadellen auf einer mit Speiseöl eingefetteten Alufolie auf dem Grill garen und servieren.

Gefüllte Paprikaschoten

Zubereitung:

1. Den Reis nach Packungsanweisung zubereiten, abschütten und gut abtropfen lassen.

2. Vier der Paprikaschoten waschen, am Stielende aufschneiden und entkernen. Die Schalotten schälen und fein hacken und die Knoblauchzehen schälen und in kleine Stücke schneiden.

3. Die restlichen drei Paprikaschoten halbieren, entkernen, waschen und in feine Würfel schneiden.

4. Das Hackfleisch mit dem fertigen Reis sowie jeweils der Hälfte der Schalotten und des Knoblauchs vermischen. Das Ei aufschlagen, untermengen und das Ganze mit Salz und Pfeffer kräftig würzen.

5. Die vier aufgeschnittenen Paprikaschoten mit der Hackfleischmasse füllen. Zwei Esslöffel der Butter in eine Auflaufform geben, die Paprikaschoten hineinstellen, die Brühe zugießen und das Ganze im Backofen bei 180° C, Gas Stufe 2–3, Umluft 160° C ca. 45 Minuten braten.

6. Fünf Minuten bevor die gefüllten Paprikaschoten gar sind, die restliche Butter in einem Topf schmelzen und die restlichen Schalotten- und Knoblauchstücke darin anbraten.

7. Die Paprikastücke hinzugeben, mit der Brühe aus der Auflaufform aufgießen und einmal aufkochen.

8. Die Soße pürieren, die Sahne unterziehen und alles mit dem Paprikapulver, Salz und Pfeffer würzen. Die gefüllten Paprika zusammen mit der Soße auf Tellern anrichten und servieren.

Zutaten:

für 4 Personen

100 g Reis
7 große rote Paprikaschoten
3 Schalotten
5 Knoblauchzehen
300 g Schweinehackfleisch
1 Ei

4 EL Butter
250 ml Brühe
1 Becher süße Sahne
1 TL scharfes Paprikapulver
Salz
Pfeffer

„Grilletta" Deluxe

Die „Grilletta" ist die Abwandlung eines Hamburgers aus der ehemaligen DDR. Dort gab es sogar richtige Grilletta-Stuben, z. B. am Berliner Fernsehturm. Die Grilletta wurde regional unterschiedlich hergestellt. Es gab sie z. B. auch mit einer Scheibe Ananas und gedünsteten Pilzen darüber.

Zubereitung:

1. Das altbackene Brötchen in reichlich Wasser einweichen und die Zwiebeln schälen und in feine Würfel schneiden.

2. Das Schweinehackfleisch in eine Schüssel geben. Das eingeweichte Brötchen fest ausdrücken, mit dem Ei, dem Senf, den Zwiebelwürfeln und dem Hackfleisch gut durchkneten und mit Salz, Pfeffer und Muskat abschmecken.

3. Fett in der Pfanne erhitzen, aus dem Hackfleisch vier gleiche flache Buletten, Burger, Frikadellen, Klopse oder … formen und gut durchbraten.

4. Die Brötchen auseinanderschneiden und in einer heißen beschichteten Pfanne die Schnittflächen anrösten. Die Gewürzgurken in Scheiben schneiden.

5. Jeweils eine heiße Bulette auf die unteren Hälften der Brötchen legen und mit Gurkenscheiben belegen. Auf die oberen Hälften der Brötchen reichlich Tomatenketchup auftragen und die Brötchenhälften zusammenklappen. Schon ist sie fertig, die „Grilletta"!

Zutaten:

für 4 Personen

1 altbackenes Brötchen
1 Zwiebel
350 g Schweinehackfleisch
1 Ei
1 EL Senf
Fett zum Braten

4 runde Weizenbrötchen
4 Gewürzgurken
Tomatenketchup
Salz
Pfeffer
Muskatnuss

Register

© 2007 SAMMÜLLER KREATIV GmbH

Genehmigte Lizenzausgabe
EDITION XXL GmbH
Fränkisch-Crumbach 2007
www.edition-xxl.de

Idee und Projektleitung: Sonja Sammüller
Layout, Satz und Umschlaggestaltung:
SAMMÜLLER KREATIV GmbH

ISBN (13) 978-3-89736-804-0
ISBN (10)   3-89736-804-8

Gedruckt auf **maxi**silk 135 g/qm, Igepa Artikel-Nr. 179

Bildnachweis

Wir danken folgenden Firmen für
ihre freundliche Unterstützung:

G. Poggenpohl, Wismar
22–23, 30–31, 68–69, 96–97,
98–99, 112–113, 114–115,
116–117, 126–127, 134–135,
140–141, 144–145

MPR Dr. Muth Public Relations
GmbH, Hamburg
– USA Rice Federation
  124–125

Pleon GmbH, München
– Meggle 56–57, 132–133

Supress Pressedienste,
Düsseldorf
– Nirosta 82–83

The Food Professionals
Köhnen AG, Sprockhövel
– Fuchs 38–39, 40–41, 44–45,
  62–63, 88–89, 142–143
– Goldpuder 76–77, 78–79,
  80–81
– Henglein 36–37, 60–61,
  64–65, 70–71
– Kühne 32–33, 110–111,
  128–129
– Milkana 72–73
– Ostmann 54–55
– Uncle Ben's 24–25, 48–49,
  84–85, 90–91, 100–101

Wirths PR GmbH, Fischach
– Beltane biofix 42–43, 66–67
– Birkel 28–29, 50–51, 52–53,
  58–59
– www.1000rezepte.de 74–75

Alle weiteren Fotos:
SAMMÜLLER KREATIV GmbH